아이패드 디지털 캘리그라피 N잡러 되기

우연주 지음

아티오
ArtStudio

우연

'글씨로 전하는 마음'의 힘을 믿고 매일 글씨를 씁니다.

많은 것을 담기보다 마음을 담아 심플한 손글씨와 드로잉으로 다양한 콘텐츠를 만들고 있습니다.
행복한 단어들을 쓰고 보고 들을 때 우리 일상에 행복을 가져올 수 있다고 믿으며 '클래스 101'에서
손글씨, 일러스트, 수익화 온라인 클래스를 개설하여 강의하고 있습니다.

저자와 소통할 수 있는 채널

* 인스타그램 : www.instagram.com/wooyounju
* 이메일 : prayerwoo@naver.com
* 블로그 : blog.naver.com/prayerwoo

아이패드 디지털 캘리그라피 N잡러 되기

2025년 3월 21일 초판 인쇄
2025년 3월 31일 초판 발행

펴 낸 이 ┃ 김정철
펴 낸 곳 ┃ 아티오
지 은 이 ┃ 우연주
마 케 팅 ┃ 강원경
기획·진행 ┃ 김미영
표   지 ┃ 김지영
편   집 ┃ 주경미
전   화 ┃ 031-983-4092~3
팩   스 ┃ 031-696-5780
등   록 ┃ 2013년 2월 22일
정   가 ┃ 19,500원
주   소 ┃ 경기도 고양시 일산 동구 호수로 336 (브라운스톤, 백석동)
홈 페 이 지 ┃ http://www.atio.co.kr

* 아티오는 Art Studio의 줄임말로 혼을 깃들인 예술적인 감각으로 도서를 만들어 독자에게 최상의 지식을 전달해
  드리고자 하는 마음을 담고 있습니다.

안녕하세요. 우연입니다.

제가 캘리그라피를 시작하게 된 계기는 좋아하는 문장을 예쁘게 쓰고 싶어서였습니다. 어릴 때부터 책을 좋아했고, 책을 읽는 것도, 책에서 좋은 문장이나 시귀를 쓰는 것도 좋아했습니다. 그리고 제가 쓴 것을 선물하고 싶었습니다. 작은 선물이지만 마음이 담긴 문장들을 받은 분들이 기뻐하는 모습에 저도 행복해졌습니다. 그래서 글씨가 주는 힘을 알게 되었습니다. 어떤 계기로 이 책을 접하게 되었는지 이유는 다양하겠지만, 이 책을 보는 분들이 글씨가 주는 이 행복과 기쁨을 느끼셨으면 합니다.

손으로 글씨를 아름답게 쓰는 작업을 캘리그라피라고 합니다. 캘리그라피는 다양한 도구로 가능하지만, 이 책은 아이패드와 애플펜슬, 그리고 프로크리에이트앱을 활용한 디지털 캘리그라피 책입니다. 물론 여기에 수록된 다양한 글씨와 문장, 조형 구성 등의 교안은 출력하셔서 펜으로 연습하셔도 무방합니다. 다양하게 캘리그라피 작업을 해보세요.

많이 담으려고 많이 쓰거나, 많이 그리는 게 아니라, 정말 중요한 문장과 그림을 깔끔하고 담백하게 담아내는 디지털 캘리그라피를 함께 해보려고 합니다. 글씨를 못 써도 그림을 못 그려도 상관없습니다. 손글씨가 주는 힘을 이해하고 일상에서 행복을 느낄 수 있는 디지털 손글씨와 드로잉을 시작해 보겠습니다.

단어부터 문장, 작은 꽃 그림만으로도 멋진 콘텐츠를 만들어내고 상품화하고 수익화하는 방법까지 하나하나씩 알아볼게요.

우연

이 책의 특징

┌─ STEP●1 ─┤   DIGITAL-Calligraply

01 디지털 캘리그라피의 시작

1. 디지털 캘리그라피의 개요

디지털 캘리그라피의 의미

디지털 캘리그라피는 디지털 기기를 사용하여 글씨를 쓰는 작업을 말합니다.
붓과 먹, 펜과 잉크 등으로 종이에 쓰는 전통적인 캘리그라피를 디지털 기기를 통해 구현해

STEP

총 STEP 7로 아이패드 디지털 캘리그라피를 위해 알아야 할 기능을 짜임새 있게 설명하였습니다.

TIP **설정 메뉴 살펴보기**

- 밝은 인터페이스 : 현재 화면에 배경은 밝은 인터페이스입니다. 설정을 끄면 어두운 화면으로 설정됩니다.
- 오른손잡이 인터페이스 : 브러시 사이즈와 불투명도를 조절하는 사이드바의 위치가 오른쪽으로 설정되는 것이며, 설정을 끄면 왼쪽으로 이동합니다.
- 유동적인 브러시 크기 조정 : 이 버튼을 활성화하면 캔버스 확대 축소 등 크기에 따라 브러시 크기를 유동적으로 조절해 주어 결과적으로 동일한 브러시 크기를 적용할 수 있습니다.
- 브러시 커서 : 활성화하면 브러시로 움직일 때의 브러시 모양이 나타납니다.
- 압력 및 다듬기 : 애플펜슬의 안정화, 움직임 필터링을 조절합니다.
- 제스처 제어 : 손가락 제스처 설정을 할 수 있습니다.
- 빠른 실행 취소 지연 시간 : 취소되는 속도를 천천히 또는 빠르게 조절할 수 있습니다.
- 선택 마스크 가시성 : 선택할 때 선택하지 않는 부분이 빗금처리 되고, 빗금의 밝기를 조절할 수 있습니다.
- 크기 및 불투명도 사이드바 : 해제하면 사이드바가 캔버스에서 사라지고, 다시 활성화하면 나타납니다.

TIP

TIP을 통해서 어려운 용어 및 꼭 알아야 하는 메뉴 및 기능 등을 설명하였습니다.

여기서 잠깐!

레이어 나누어 그리기

그림을 그릴 때 각 부분을 레이어로 나누어 그리면 다양하게 활용하기가 좋습니다.
아래 레이어의 나무가 뒤쪽의 나무로 표현되고, 위쪽 레이어의 나무가 앞쪽에 표현됩니다.
앞, 뒤를 바꾸고 싶다면 레이어 위치를 조정해 주면 됩니다. 또한 색을 바꾸고 싶다거나 다른 캔버스에 풀밭만 가져가고 싶다거나 할 때에도 레이어를 나누어서 그리면 다양하게 활용하기 편합니다.

여기서 잠깐!

교재 설명 과정 중에 놓치기 쉽거나, 누구나 알거라 생각하지만, 알지 못하는 부분을 한번 더 짚어주었습니다.

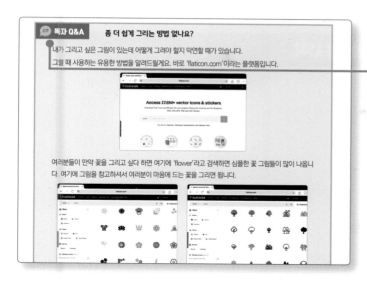

독자 Q&A

저자가 가지고 있는 노하우를 독자의 질문을 통해서 설명하였습니다.

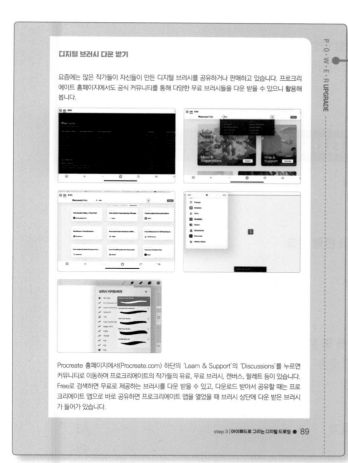

POWER UPGRADE

하나 더 알아두면 좋은 기능 및 고급 기능을 담았습니다.

차 례

Step 3 : 아이패드로 그리는 디지털 드로잉

Step 4 : 손글씨와 드로잉으로 작품 만들기

Step 5 : 활용하기 좋은 디지털 굿즈 만들기

Step 6 : 손글씨 굿즈 제작하기

Step 7 : N잡러 되기

01 : 디지털 캘리그라피의 시작

1. 디지털 캘리그라피의 개요

디지털 캘리그라피의 의미

디지털 캘리그라피는 디지털 기기를 사용하여 글씨를 쓰는 작업을 말합니다.

붓과 먹, 펜과 잉크 등으로 종이에 쓰는 전통적인 캘리그라피를 디지털 기기를 통해 구현해 낸다고 보시면 됩니다. 각각의 장단점이 있겠지만 디지털 캘리그라피의 장점은 간단하고 수정이 쉬우며 저장, 공유, 배포 등이 쉽습니다. 그러다 보니 최근에 많은 캘리그라피 작가가 디지털 캘리그라피로 다양한 디자인 작업을 하고 있습니다.

DIGITAL
Calligraphy

디지털 캘리그라피의 특징

- 도구의 다양성: 디지털 캘리그라피는 잉크, 펜, 크레용, 연필 등의 다양한 종류의 브러시를 간편하게 이용할 수 있고, 특히 사용자가 원하는 브러시로 제작(커스텀)할 수도 있습니다.
- 캔버스의 다양성: 종이, 패브릭, 사진, 동영상까지 디지털 캘리그라피는 다양한 캔버스를 이용해 작업할 수 있습니다.
- 편리한 수정과 편집: 작업 중에 수정이 필요한 경우 간편하게 수정, 변형할 수 있어서 창작 과정이 간편합니다.
- 다양한 효과의 활용: 전통적인 글씨 작업에서 시도하기 어렵던 다양한 효과를 적용할 수 있어 더욱 크리에이티브한 작업이 가능합니다.
- 응용, 배포의 간편성: 디지털 캘리그라피는 파일화하여 디자인을 응용할 수 있고, SNS에 활용하거나 배포 등이 간편합니다.
- 디지털 캘리그라피의 제작과 판매: 디지털 콘텐츠로 제작하여 판매하는데 유용하며 카드, 포스터, 캘린더, 액자 등의 다양한 상품으로의 제작과 판매도 가능합니다.

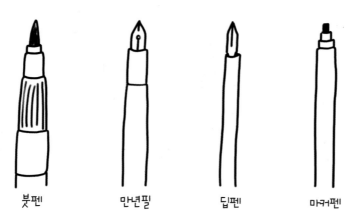

붓펜   만년필   딥펜   마커펜

디지털 캘리그라피의 미래

기술 발전에 따라서 디지털 캘리그라피의 창작 환경은 더 다양하며 혁신적으로 나아갈 것으로 예상됩니다. 디지털 캘리그라피에 특화된 앱들의 기능성이 더욱 강화되고 있으며, 애니메이션 캘리그라피로의 변화로 동영상 제작 콘텐츠도 증가하고 있습니다. 또한 3D 캘리그라피가 이미 시도되고 있고, 앞으로 VR(가상현실)과 디지털 캘리그라피를 활용한 실시간 캘리그라피 체험, 수업 및 작업 등도 가능할 것으로 예상되어 디지털 캘리그라피의 창작 확장성은 앞으로 더 커질 예정입니다.

2. 디지털 캘리그라피 시작하기

아이패드와 애플펜슬

디지털 캘리그라피는 다양한 도구로 할 수 있지만 가장 보편적인 것은 아이패드와 애플펜슬입니다. 고가이다 보니 부담스러울 수는 있지만 아이패드는 가성비가 좋은 디지털 기기입니다.

아이패드는 휴대성이 좋고 언제 어디서나 작업이 가능하며 여러 앱 등을 활용해 음악, 영상을 즐기기에 좋습니다. 또한 애플펜슬과 함께 필기, 디지털 캘리그라피, 디지털 드로잉 등 다양한 예술 작업이 가능합니다.

다양한 아이패드의 앱으로 창작 활동이 가능한데 특히 프로크리에이트(Procreate) 앱은 많은 예술가들이 쓰는 창작 앱입니다. 다양한 예술 작업이 가능해서 디지털 캘리그라피 작업에는 최적화된 앱이라고 할 수 있습니다.

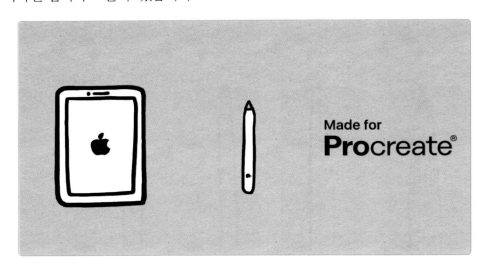

프로크리에이트앱 설치

아이패드 앱스토어(App store)에서 프로크리에이트(Procreate)를 설치합니다. 프로크리에이트 앱은 유료 앱입니다. 프로크리에이트를 다운로드하면 기본적인 브러시가 들어있습니다. 이 기본적인 브러시뿐만 아니라

프로크리에이트 홈페이지에서 더 다양한 브러시, 캔버스 등을 다운로드 받을 수 있습니다. 이 책에서는 필자가 활용하고 있는 브러시 세트와 캔버스, 색상 팔레트를 제공합니다.

3. 프로크리에이트 기본 알아보기

갤러리

설치한 프로크리에이트 앱을 열면 작업물들이 보입니다. 이곳을 '갤러리'라고 하는데 내가 만든 작업물들을 볼 수 있는 화면입니다. 애플펜슬이나 손가락으로 꾹 누르면 작업물들을 이동할 수 있고, 겹치면 두 개 이상의 작업물이 하나의 폴더로 만들어 집니다.

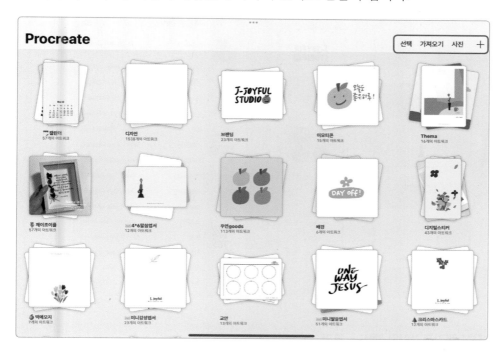

상단 오른쪽에 '선택', '가져오기', '사진', '+' 메뉴가 있습니다.

- 선택: 작업물을 선택하여 이동하기, 미리보기, 공유하기, 내보내기, 복제하기, 삭제하기, 폴더로 이동하기 등을 할 수 있습니다.
- 가져오기: 파일함에 저장된 파일들을 가져오기 할 수 있습니다.
- 사진: 내 사진 앨범에서 사진, 이미지 등을 가져올 수 있습니다.
- +: 새로운 캔버스를 만들 수 있습니다.

새로운 캔버스 만들기

＋ 버튼을 누르면 '새로운 캔버스' 목록이 나옵니다. '스크린 크기'를 선택하면 아이패드 크기에 맞는 캔버스를 만들 수 있습니다. 새로운 캔버스 옆의 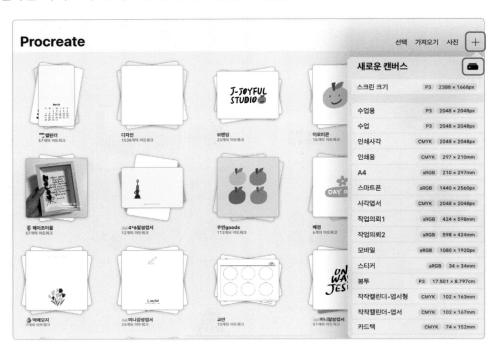를 누르면 '사용자지정 캔버스'로 원하는 사이즈의 캔버스를 설정해서 만들 수 있습니다.

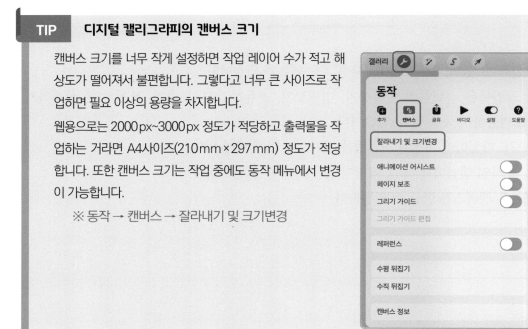

TIP **디지털 캘리그라피의 캔버스 크기**

캔버스 크기를 너무 작게 설정하면 작업 레이어 수가 적고 해상도가 떨어져서 불편합니다. 그렇다고 너무 큰 사이즈로 작업하면 필요 이상의 용량을 차지합니다.

웹용으로는 2000px~3000px 정도가 적당하고 출력물을 작업하는 거라면 A4사이즈(210mm×297mm) 정도가 적당합니다. 또한 캔버스 크기는 작업 중에도 동작 메뉴에서 변경이 가능합니다.

※ 동작 → 캔버스 → 잘라내기 및 크기변경

사용자지정 캔버스

• 크기: 캔버스 크기 설정은 밀리미터, 센티미터, 인치, 픽셀로 설정이 가능합니다. 웹용은 보통 픽셀로 설정하고, 인쇄물의 경우 밀리미터, 센티미터, 인치로 설정합니다. 픽셀 상태에서 너비 2048, 높이 2048을 입력합니다. DPI는 300으로 두고, 최대 레이어 개수를 확인할 수 있습니다. 레이어 개수는 기종에 따라 상이할 수 있습니다.

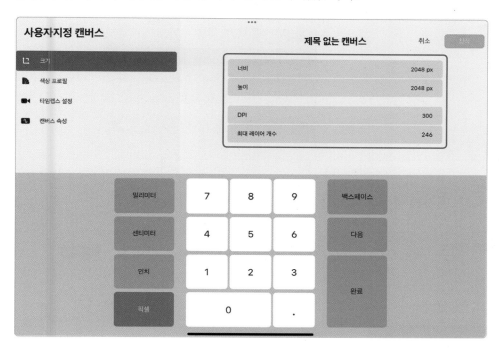

• 색상 프로필: 색상 프로필의 경우 RGB와 CMYK가 있는데 RGB는 웹, 모니터, 모바일용이며, CMYK는 인쇄물을 만들 때 설정합니다. RGB에서 가장 위의 Display P3로 설정합니다. 기종에 따라 Display P3가 없을 경우, RGB 상단에 있는 것으로 선택합니다.

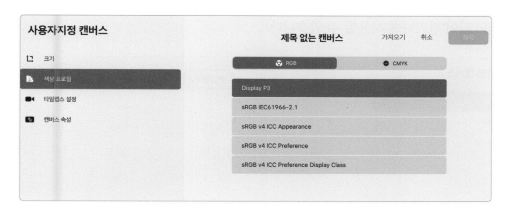

• 타임랩스 설정 : 작업물을 동영상으로 출력할 때 사용하는 설정입니다.

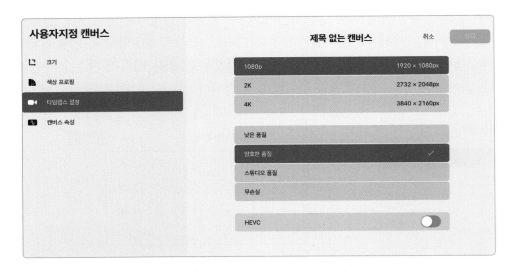

• 캔버스 속성 : 배경의 색상과 배경 숨김(배경없이 투명하게) 기능입니다.

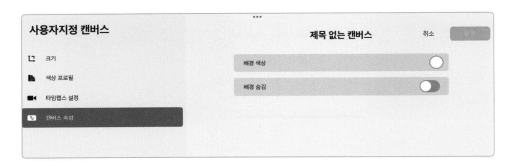

• 캔버스 이름 설정 : 만들어 놓은 캔버스 속성은 상단의 '제목 없는 캔버스'를 누르고 이름을
설정할 수 있습니다. 자주 사용하는 캔버스의 이름을 지정해 두면 매번 새로 캔버스를 만들
지 않아도 되어 편리하게 사용할 수 있습니다.

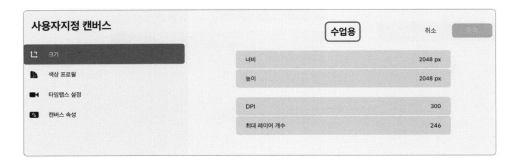

직접 이름을 입력한 캔버스는 캔버스 메뉴 상단에 보이게 됩니다. 새로운 캔버스를 만들 때 만들어 둔 캔버스 사이즈를 선택하면 됩니다.

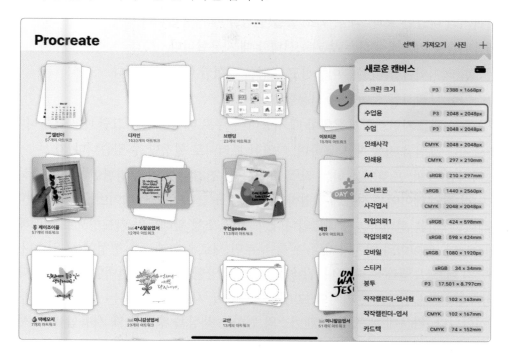

캔버스 작업 메뉴 알아보기

❶ 갤러리 : 디자인 작업을 끝내고 갤러리로 나갈 때 사용합니다.

❷ 동작 : 프로크리에이트의 다양한 설정, 공유 등을 할 수 있습니다.

❸ 조정 : 이미지의 다양한 효과, 색상, 색조 등을 변경할 때 사용합니다.

❹ 선택 : 애플펜슬을 이용해 원하는 부분을 선택할 때 사용합니다.

❺ 이동 : 선택한 레이어나 이미지를 이동하고 모양을 변형할 때 사용합니다.

❻ 브러시 : 다양한 브러시를 선택할 때 사용합니다.

❼ 문지르기 : 색과 색을 자연스럽게 혼합할 때 사용하며, 주로 배경 화면을 그릴 때 사용합니다.

❽ 지우개 : 글씨나 그림을 지울 때 사용하며, 다양한 브러시로 설정할 수 있습니다.

❾ 레이어 : 디지털 글씨, 드로잉을 하는 작업 판입니다. 겹겹이 쌓인 투명판이라고 생각하면 됩니다. 여러 개의 레이어를 사용해 작업하게 되는데 '+'를 누르면서 레이어를 추가합니다.

❿ 색상 팔레트 : 색상을 선택하는 팔레트입니다. 색상은 소형 팔레트와 카드형으로 선택해서 볼 수 있습니다. 레이어와 마찬가지로 '+'를 누르면 새로운 팔레트를 형성할 수 있습니다. 또한 하단의 디스크, 클래식, 하모니, 값, 팔레트 등 다양한 방법으로 선택할 수 있습니다.

⓫ 사이드바 : 사이드바 위쪽은 브러시의 크기를 설정하며, 사이드바 아래는 브러시의 불투명도를 설정합니다. 가운데 네모 칸은 캔버스의 원하는 색상을 추출할 때 사용합니다. 사이드바 가장 아래 화살표는 방금 한 작업을 취소, 재실행하는 기능이 있습니다. 사이드바는 오른쪽, 왼쪽 사용자 편의에 따라 설정이 가능합니다.

TIP **설정 메뉴 살펴보기**

- **밝은 인터페이스** : 현재 화면에 배경은 밝은 인터페이스입니다. 설정을 끄면 어두운 화면으로 설정됩니다.

- **오른손잡이 인터페이스** : 브러시 사이즈와 불투명도를 조절하는 사이드바의 위치가 오른쪽으로 설정되는 것이며, 설정을 끄면 왼쪽으로 이동합니다.

- **유동적인 브러시 크기 조정** : 이 버튼을 활성화하면 캔버스 확대 축소 등 크기에 따라 브러시 크기를 유동적으로 조절해 주어 결과적으로 동일한 브러시 크기를 적용할 수 있습니다.

- **브러시 커서** : 활성화하면 브러시로 움직일 때의 브러시 모양이 나타납니다.

- **압력 및 다듬기** : 애플펜슬의 안정화, 움직임 필터링을 조절합니다.

- **제스처 제어** : 손가락 제스처 설정을 할 수 있습니다.

- **빠른 실행 취소 지연 시간** : 취소되는 속도를 천천히 또는 빠르게 조절할 수 있습니다.

- **선택 마스크 가시성** : 선택할 때 선택하지 않는 부분이 빗금처리 되고, 빗금의 밝기를 조절할 수 있습니다.

- **크기 및 불투명도 사이드바** : 해제하면 사이드바가 캔버스에서 사라지고, 다시 활성화하면 나타납니다.

4. 디지털 캘리그라피에서 활용할 다양한 앱과 SNS 채널 운영 방법 소개

디지털 캘리그라피에서 활용할 다양한 앱(App)

디지털 캘리그라피는 다른 앱들과 함께 활용할 때 다양한 작업을 할 수 있습니다. 디지털 캘리그라피를 하면서 유용하게 사용하고 있는 몇 가지 앱을 소개하겠습니다.

- 언스플래쉬(Unsplash): 무료 사진 및 이미지 다운로드 앱입니다. 고해상도의 이미지를 비상업용, 상업용으로 사용할 수 있으며, 회원가입 없이도 이미지를 다운 받을 수 있습니다.

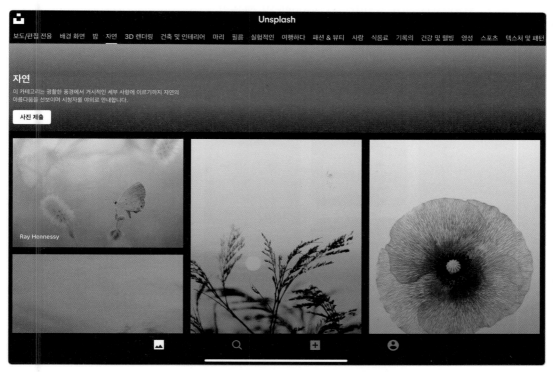

(출처: Unsplash)

- 핀터레스트(Pinterest): 많은 분이 활용하고 있는 앱입니다. 다양한 분야의 아이디어를 탐색하고 수집하고 영감을 얻기에 좋은 앱입니다. 디자인, 드로잉, 폰트 등을 참고하기에 좋습니다.
- 굿노트(Goodnote): 노트 필기앱입니다. 유료 앱이기는 하지만 한 번 구매해 놓으면 활용도가 높은 앱입니다. 필기, 일정 관리, 디지털 다이어리 등 다양하게 활용할 수 있습니다. 프로크리에이트에서 그린 그림을 가져와서 스티커처럼 활용할 수도 있습니다.

- 아트셋(Art set) : 드로잉 앱입니다. 유료, 무료 버전이 있는데 무료 버전에서 유화를 그리고 프로크리에이트로 가져와서 활용할 수 있습니다.
- 블로(Vllo) : 동영상 작업 앱은 여러 가지가 있는데 필자가 사용하는 앱은 블로입니다. 아이패드에 설치하면 아이폰과도 연동되어 양쪽에서 사용할 수 있습니다. 영상 작업을 매우 직관적으로 할 수 있어서 초보자도 쉽게 영상 편집을 할 수 있습니다.
- 스튜디오(Studio) : 다양한 템플릿을 다운 받을 수 있습니다. 유료, 무료 디자인이 있고 무료 디자인으로도 충분히 활용하여, 프로크리에이트에 불러와서 내 글씨와 함께 콘텐츠를 만들 수 있습니다.
- 아트 앤 컬처(Arts and Culture) : Google이 제휴한 주요 박물관과 미술관이 소유한 3만 점 이상의 작품을 고해상도로 감상할 수 있어서 다양한 디자인 영감을 받을 수 있습니다.

(출처: Arts and Culture)

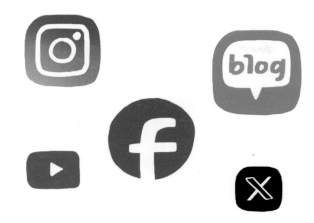

- 인스타그램(Instagram) : 인스타그램 계정은 대부분 갖고 계실 텐데 혹시 계정이 없는 분들이 있다면 계정을 만드시길 추천합니다. 또한 일반 계정으로 갖고 있다면 비즈니스 계정으로 전환하시거나 비즈니스 계정을 추가로 만들기 바랍니다. 디지털 캘리그라피 작업 콘텐츠를 꾸준히 업로드하여 팔로워도 늘리고, 다양한 창작자들의 작업 및 콘텐츠로 영감도 받을 수 있습니다. 요즘은 콘텐츠 노출에 따라 수익도 발생합니다.

- 유튜브(Youtube) : 작업하는 과정을 영상으로 짧게 올려보는 것도 재미있습니다. 영상을 만드는 공부도 하게 됩니다. 또한 인스타그램과 마찬가지로 다양한 창작자들의 작업 모습, 영상 제작 방법도 참고할 수 있습니다.

- 블로그(Blog) : 클라이언트들의 문의가 가장 많이 오는 곳은 블로그입니다. 수요가 있는 클라이언트들이 검색을 통해 자세한 설명 게시글을 보고 출강, 작업 의뢰 등이 들어옵니다. 인스타그램에는 직관적인 콘텐츠를 올린다면, 블로그에는 작업하는 구체적인 과정, 결과물 등을 텍스트로 설명하기에 좋습니다.

- 엑스(X-twitter) : 엑스(구 트위터)도 영감을 받기 좋은 채널입니다. 인스타그램의 스레드와 비슷합니다. 디자인 브랜드나 창작자들을 팔로우하고 교류하기 좋습니다.

지그펜으로 엽서지에 쓴 문장이예요.
피그먼트펜으로 하트와 얼굴을 그리고 제가 좋아하는 컬러인 노랑색 색연필로 채웠어요.

피그먼트펜은 번지지 않아서 이렇게 컬러링할 때 좋습니다!

♡ 8 … ⋯ 6

여기 소개된 다양한 SNS 채널 중에서 본인이 원하는 한 두 가지는 꼭 해보길 권해드립니다. 처음에는 팔로워가 늘지 않아서 실망할 수 있으나, 꾸준히 연습한다고 생각하면서 하나씩 올리다 보면 내 콘텐츠가 쌓이게 됩니다. 그러다 보면 어느 시점에 내 게시물이나 영상이 알고리즘에 의해 조회수, 팔로워 수가 늘어날 때가 있습니다. 꾸준히 하는 것만큼 좋은 성공 비결은 없습니다.

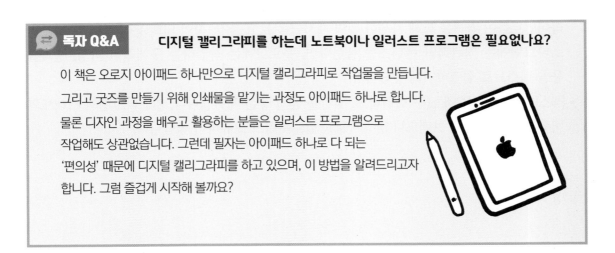

독자 Q&A   **디지털 캘리그라피를 하는데 노트북이나 일러스트 프로그램은 필요없나요?**

이 책은 오로지 아이패드 하나만으로 디지털 캘리그라피로 작업물을 만듭니다.
그리고 굿즈를 만들기 위해 인쇄물을 맡기는 과정도 아이패드 하나로 합니다.
물론 디자인 과정을 배우고 활용하는 분들은 일러스트 프로그램으로
작업해도 상관없습니다. 그런데 필자는 아이패드 하나로 다 되는
'편의성' 때문에 디지털 캘리그라피를 하고 있으며, 이 방법을 알려드리고자
합니다. 그럼 즐겁게 시작해 볼까요?

02 : 마음을 담는 글씨, 디지털 손글씨

1. 손글씨의 기본 – 획 기초 연습

자료 다운로드하기

❶ 아이패드로 '카메라'를 열어서 QR코드에 갖다댑니다. 아티오 출판사 자료실이 나타나면, 하단의 '실습파일.zip'을 누르고 다운로드합니다.

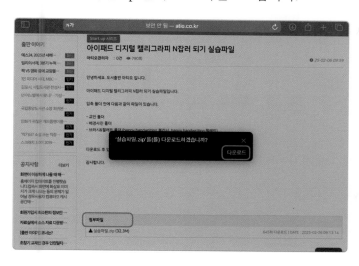

❷ 상단 동그라미 안의 화살표 그림(↓)을 눌러서 다운로드합니다. 또는 자신의 아이패드 환경에 맞게 다운로드합니다.

❸ 다운로드한 파일함을 엽니다. 다운로드한 파일을 찾기 어려우면 검색을 눌러서 파일함을 찾아도 됩니다. 다운로드한 '실습파일.zip'을 누릅니다.

❹ '실습파일.zip'이 '실습파일' 폴더로 만들어 집니다.

❺ '실습파일' 폴더를 열면 '교안', '배경사진', '브러시&팔레트' 총 3개의 폴더가 있습니다.

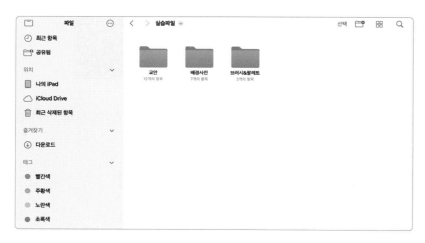

❻ '브러시&팔레트' 폴더를 열면 브러시 세트와 팔레트 세트가 나옵니다.

❼ 브러시 세트를 누르면 프로크리에이트가 자동으로 열리며, 브러시 라이브러리에 'happy handwriting'이 들어와 있습니다.

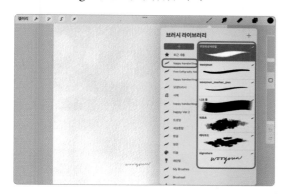

❽ 팔레트도 같은 방법으로 가져옵니다. 팔레트의 경우 팔레트 리스트에서 하단에 위치하므로, 쓰기 쉽도록 점 세 개를 꾹 눌러서 상단으로 이동합니다.

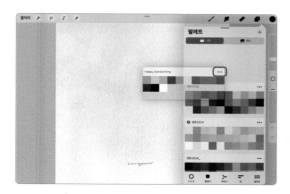

❾ 교안이나 사진 등은 프로크리에이트에서 '동작 → 추가 → 파일 삽입하기'로 다운로드된 파일함에서 가져오면 됩니다.

획 연습하기

❶ '손글씨 연습장' 가져오기 : 다운로드한 손글씨 연습장을 프로크리에이트에 불러옵니다.

※ 갤러리 → 가져오기 → 파일함에서 '손글씨 연습장.pdf' 가져오기

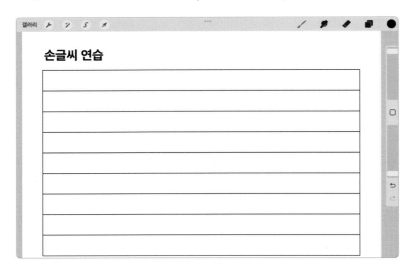

❷ 손글씨 연습장 레이어 위에 '+'를 눌러 레이어를 추가하고, 레이어 1은 잠금합니다. 손글씨 연습장 위에 생성한 레이어 2에 손글씨 연습을 합니다.

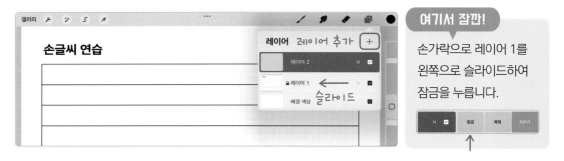

여기서 잠깐!

손가락으로 레이어 1를 왼쪽으로 슬라이드하여 잠금을 누릅니다.

❸ 브러시 설정하기 : 브러시는 'wooyoun' 브러시로 선택하고, 브러시 크기는 5, 컬러는 검은 색으로 씁니다.

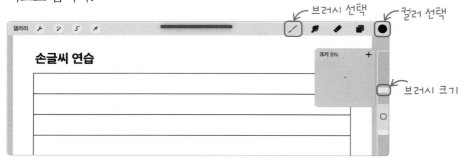

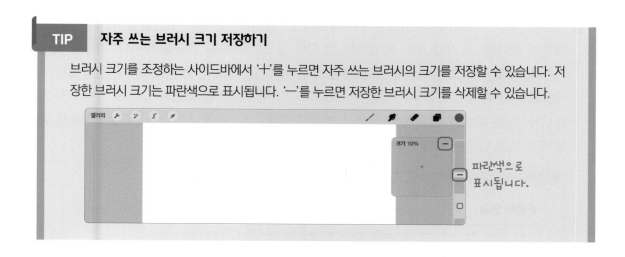
❹ 가로획 연습: 쓰면서 획이 너무 위로 올라가거나 아래로 내려가지 않도록 씁니다. 주의할 점은 너무 빨리 쓰지 말고 천천히 쓰되, 너무 천천히 쓰게 되면 자동으로 선이 완성될 수 있으니 유의합니다.

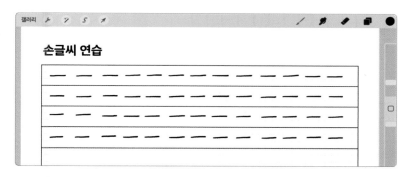

❺ 세로획 연습: 가로획을 다 연습했다면 세로획을 연습합니다. 얼마나 연습할지는 본인이 선택하면 됩니다. 두 세줄 정도 채워보고 잘 된다 싶으면 세로획 연습을 합니다. 가로획 보다는 세로획 연습이 조금 어렵습니다. 연한 모눈선을 기준으로 반듯하게 쓰도록 연습합니다. 세로획은 글씨의 각도를 좌우하는데 각도가 일정하지 않으면 깔끔한 글씨체가 나오지 않습니다. 같은 각도로 세로획을 쓰면, 글씨가 균형감 있고 예쁩니다. 쓰면서 전체적으로 균등하게 쓰고 있는지 보면서 천천히 연습합니다.

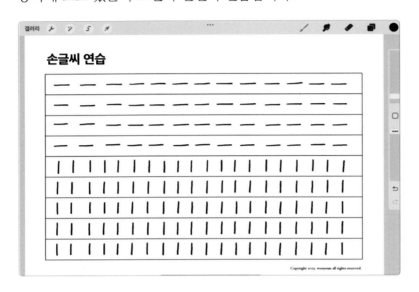

🔁 **독자 Q&A**　　　**획 쓰기 연습을 해야 하나요?**

글씨도 아닌 획을 계속 연습한다는 게 사실 지루한 작업입니다. 그러나 기초 획 연습은 전통적인 캘리그라피 수업에서는 더 많은 시간을 할애해서 연습합니다. 그만큼 획이 글씨에 있어서 중요한 요소이기 때문입니다.

연습하다 지루하다 생각되면 글씨 색을 바꿔서 해 봅니다. 알록달록 채워지는 재미가 있습니다. 또한 좋아하는 음악을 틀어놓고 하면 즐겁게 획 쓰기 연습을 할 수 있습니다.

❻ 대각선획 연습: 꽃, 빛, 햇살 등 글자의 받침으로 오는 'ㅅ', 'ㅈ', 'ㅊ' 등의 획을 쓸 때 대각선획 연습을 해놓으면 깔끔하게 쓸 수 있습니다. 대각선획은 가로, 세로획 연습보다 조금 더 힘들 수 있습니다. 같은 각도로 반듯하게 쓰는 연습을 합니다. 문장에서 여러 대각선획이 있을 때 같은 각도로 쓴 게 훨씬 깔끔하고 예쁩니다.

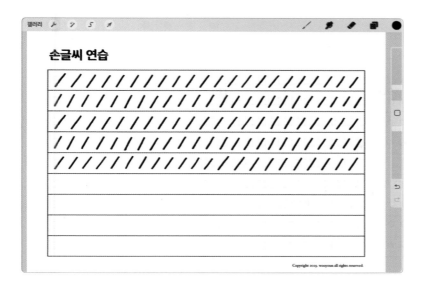

❼ 반대편 대각선획도 연습합니다. 두 손가락을 대고 캔버스를 올린 다음에 쓰면, 쓰기 더 편합니다.

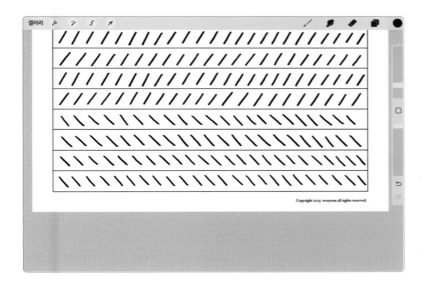

❽ 이응획 연습: '이응'을 통해 문장에 다양한 느낌을 줄 수 있습니다. '이응'이 크면 귀여운 느낌을 줍니다. '이응'이 동그랗지 않고 찌그러지면 문장 전체에 영향을 주게 됩니다. 필자도 글씨 쓰면서 많이 신경 쓰는 획이 '이응'입니다. 중간 크기의 이응부터 큰 이응, 작은 이응 등 번갈아 가면서 다양한 이응을 써 봅니다.

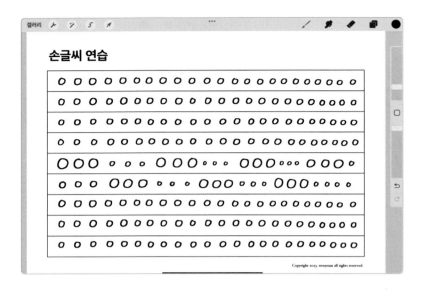

독자 Q&A　　**글씨는 어떤 속도로 써야 잘 쓸 수 있을까요?**

답은 '적정하게'입니다. 그런데 이렇게 적정한 속도로 잘 쓰려면 천천히 쓰는 연습을 많이 해야 합니다. 연습이 충분치 않은데 빠른 속도로 쓰면 성의 없는 글씨처럼 보입니다. 초보자의 경우 반듯한 획을 쓰려면 천천히 써야 합니다. 그러나 너무 느리게 쓰면 자동선이 만들어지니 유의합니다.

2. 단어 쓰기 – 글씨의 리듬, 길이 변형 연습

민자와 받침 글자 단어 쓰기

※ 갤러리 → 가져오기 → 파일함에서 '손글씨 연습_1-민자, 받침 글자.pdf' 교안 가져오기

- 프로크리에이트로 가져온 교안 레이어는 슬라이드해서 '잠금'을 해 주고, 그 위에 레이어를 추가해서 글씨 연습을 합니다.

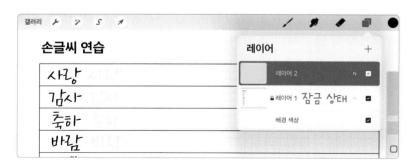

손글씨 연습

사랑	사랑
감사	감사
축하	축하
바람	바람
예쁜	예쁜
마음	마음
소망	소망
여름	여름
겨울	겨울

- 글씨의 리듬: 단어를 구성할 때 예쁘게 보이기 위해 '리듬'을 이용합니다. 음악에 높낮이를 이용해 음률을 만들듯이 글씨도 높이를 이용해 리듬을 주어 구성해야 재미있고 예쁜 글씨를 만들 수 있습니다.

 가장 기초적인 리듬은 민자는 키를 작게, 받침 글자는 키를 크게 쓰는 것입니다.

 '사랑'은 '사'가 민자이고 '랑'이 받침 글자이므로 '사'는 키를 작게 '랑'은 키를 크게 씁니다.
 '감사'는 받침 글자인 '감'의 키를 크게 쓰고, 민자인 '사'를 작게 씁니다. 이렇게 쓰면 단어에 리듬이 생깁니다. '축하', '바람' 다 마찬가지입니다. (주의: 글씨의 크기가 작은 게 아니라 높이 즉 키를 작게 써 주는 겁니다.)
 '손글씨 연습_1-민자, 받침 글자 교안'의 단어들을 글씨의 리듬에 유의하면서 연습을 합니다.

받침 글자와 받침 글자 단어 쓰기

※ 갤러리 → 가져오기 → 파일함에서 '손글씨 연습_2-받침 글자, 받침 글자.pdf' 교안 가져오기

가져온 교안 레이어는 슬라이드해서 '잠금' 해 주고, 그 위에 레이어를 추가해서 연습합니다.

- 글씨의 리듬: 둘 다 받침 글자인 경우는 두 글자 중 한 글자는 키를 크게, 한 글자는 키를 작게 씁니다. 두 글자 모두 받침 글자이지만, 두 글자를 모두 길이 변형을 주게 되면 리듬이 생기지 않기 때문입니다.

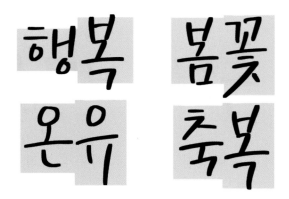

- 받침의 세로 길이 변형

'행복'은 둘 다 받침 글자입니다. 두 글자 중 '행'의 키를 작게 써 줍니다. '행'의 받침 'ㅇ'은 길이 변형이 어렵고, '복'의 받침인 'ㄱ'은 길이 변형이 가능합니다.

'봄꽃'의 경우 '봄'의 받침 'ㅁ'보다는 '꽃'의 받침 'ㅊ'이 길이 변형이 더 쉽습니다.

'온유'는 '온'이 받침 글자이기는 하나 'ㄴ' 받침은 길이 변형이 어렵고, '유'는 민자이기는 하나 'ㅠ'가 길이 변형이 가능하므로 '유'의 키를 크게 씁니다.

'축복'은 똑같은 'ㄱ' 받침입니다. 이런 경우에는 하나는 키를 크게, 다른 하나는 키를 작게 써 주면 됩니다. 앞 글자 '축'의 'ㄱ'을 길게 써 주거나 '복'의 'ㄱ'을 길게 써 주면 되는데 중요한 것은 하나만 길이를 길게 써 주어야 합니다. 두 개 다 길게 쓰거나 두 개 다 짧게 쓴다면 글씨에 리듬이 생기지 않습니다.

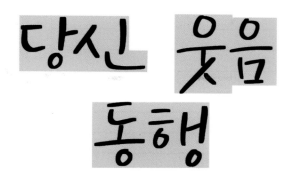

• 받침의 가로 길이 변형

'당신'의 경우는 받침 'ㅇ', 'ㄴ' 둘 다 길이 세로 변형이 어렵습니다. 이런 경우 'ㄴ'이 끝나는 글자에 있는 경우, 가로로 길이 변형을 해서 리듬을 만들어 줍니다. '평안'도 같은 경우입니다.

• 받침의 대각선 길이 변형

'웃음'의 받침 'ㅅ'을 한쪽으로 길이 변형해 줍니다. 오른쪽 획이나 왼쪽 획 어느 것을 해주어도 좋은데 보통은 왼쪽 획을 길이 변형해 주고 오른쪽 획은 짧게 써 줍니다.

• 길이 변형이 어려운 경우

'동행'은 둘 다 'ㅇ' 받침입니다. 'ㅇ' 받침의 경우는 길이 변형이 어려우므로, 굳이 변형을 주지는 않습니다.

민자와 민자 단어 쓰기

※ 갤러리 → 가져오기 → 파일함에서 '손글씨 연습_3-민자, 민자.pdf' 교안 가져오기

가져온 교안 레이어는 슬라이드해서 '잠금' 해 주고, 그 위에 레이어를 추가해서 연습합니다.

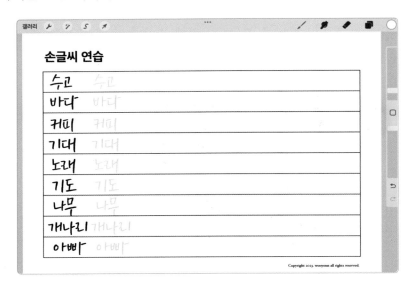

- 글씨의 리듬: 민자로 구성된 단어의 경우, 길이 변형이 가능한 글자를 길이 변형해 주어 키를 크게 써 줍니다. 민자라고 해서 둘 다 길이 변형이 없으면 글자에 리듬이 없어서 밋밋하기 때문입니다.

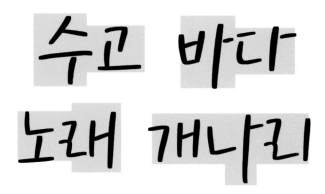

'수고'는 길이 변형이 가능한 '수'의 'ㅜ'를 길이 변형해 주어서, '수'는 키를 크게 '고'는 키를 작게 써 주어 리듬을 만들어 줍니다. '바다'는 두 글씨 중 하나의 'ㅏ'를 아래로 길이 변형해 줍니다. '커피'나 '기대'도 마찬가지입니다. '노래'는 '래'를, '기도'는 '기'를 길이 변형해 줍니다.

'개나리'처럼 민자가 세 개가 있고 길이 변형이 다 가능한 경우, 가운데 글자 '나'의 'ㅏ'를 길이 변형해서 리듬을 주는 것이 가장 안정감 있습니다.

이름도 리듬을 활용해 쓰면 더 예쁩니다. 보통 이름은 세 글자로 구성되는데 길이 변형이 가능한 글자 한, 두개에 변형을 주면 더 예쁘게 이름을 쓸 수 있습니다.

본인의 이름이나 가족, 친구의 이름을 활용해서 한번씩 써 봅니다.

우연주 우연주

주의할 글자

※ 갤러리 → 가져오기 → 파일함에서 '손글씨 연습_4-주의할 글자.pdf' 가져오기

가져온 교안 레이어는 슬라이드해서 '잠금' 해 주고, 그 위에 레이어를 추가해서 연습합니다.

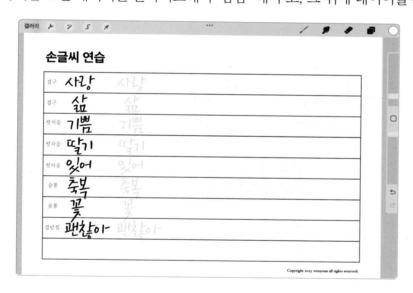

• 글씨의 결구

'사랑'이라는 단어에서 '랑'은 초성 'ㄹ', 중성 'ㅏ', 종성 'ㅇ'으로 구성되어 있습니다. '랑'을 쓸 때 초성 'ㄹ'을 쓰고, 중성 'ㅏ'를 초성인 'ㄹ'보다 짧게 써 주어야 받침인 종성 'ㅇ'이 올 자리가 생깁니다.

글씨의 결구는 글씨의 짜임새를 말하는데, 짜임새가 잘 맞는 글씨가 예쁘고 안정감이 있습니다.

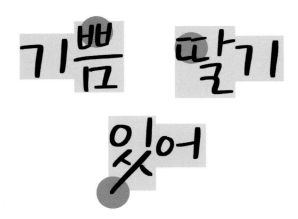

‘삶’이라는 글자의 경우, 초성 ‘ㅅ’을 쓰고 중성 ‘ㅏ’를 짧게 써 주어야 겹받침인 ‘ㄹㅁ’이 올 자리가 생깁니다. 중성 ‘ㅏ’가 너무 길어지면 받침인 종성과 획이 붙거나 글씨가 너무 길어지게 됩니다. 유의해서 연습합니다.

• 쌍자음

‘기쁨’에서 ‘쁨’의 초성은 쌍자음입니다. 쌍자음은 자음보다 폭을 살짝 좁혀서 써야 균형이 맞습니다. 애플펜슬로 쓸 때 힘을 살짝 빼서 획이 너무 굵어지지 않게 씁니다.

‘딸기’에서 ‘딸’의 초성도 쌍자음입니다. 자음인 ‘ㄷ’을 쓸 때보다 폭을 좁게 쓰면 됩니다. ‘있어’의 ‘있’은 쌍자음이 받침에 있습니다. 이때에도 힘을 살짝 빼고 폭을 좁게 쓰되, 뒤쪽에 오는 시옷을 길이 변형해 주면 예쁩니다.

• 획의 간격

‘축복’을 쓸 때 초성, 중성, 종성이 너무 간격 없이 붙어서 쓰면 글씨 자체가 답답해 보이고 심지어 획이 서로 붙을 수도 있습니다. 초성, 중성, 종성 사이의 간격을 충분히 주어서 쓰도록 합니다.

‘꽃’ 글자의 경우도 마찬가지입니다. 복잡한 글자일수록 힘을 빼서 획이 굵어지지 않도록 쓰고, 획이 붙지 않도록 연습합니다.

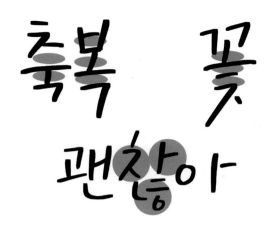

'괜찮아'에서 '찮'의 경우는 겹받침 글자입니다. '글씨의 결구'에서 설명했듯이 초성인 'ㅊ'을 쓰고 중성인 'ㅏ'는 초성보다 짧게 쓰면 종성 'ㄴㅎ' 겹받침이 와도 답답하거나 획이 붙지 않습니다. 유의해서 연습합니다.

3. 문장 쓰기 1 - 한 줄 문장, 여러 줄 문장 쓰기 연습

※ 갤러리 → 가져오기 → 파일함에서 '손글씨 연습_5-한 줄 문장.pdf' 교안 가져오기

가져온 교안 레이어는 슬라이드해서 '잠금' 해 주고, 그 레이어 위에 추가해서 연습합니다.

손글씨 연습

사랑해요
축복해요
감사합니다
기대해요 더 빛날 당신,
마음만은 맑음!
오늘도 스마일
인생아 빛나라. 반짝!
당신을 사랑합니다-
괜찮아 잘하고 있어

- '사랑해요'에서 주인공 단어는 '사랑'입니다. 따라서 '사랑'은 강조해서 써 주고, 서술 글자인 '해요'는 가볍게 써 줍니다. '사랑'을 강조할 때는 앞에서 연습한 글자의 리듬을 기억하면서 쓰면 됩니다. 다 쓴 다음에는 줄 맞춤을 확인합니다. 가운데 중심선을 기준으로 글자가 올라가거나 내려가지 않도록 유의하며 씁니다. '내가 쓴 글씨는 안 예뻐요'라고 하는 분들이 계시는데 글씨의 크기가 균등하지 않거나 중심선을 못 맞추는 경우가 많습니다. 글씨 크기를 균등하게 쓰고 중심선만 잘 맞추어도 글씨가 깔끔하고 예뻐 보입니다.

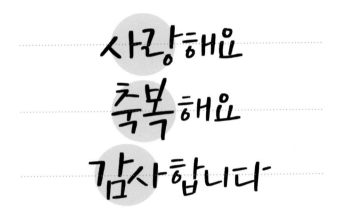

- '축복해요'에서 주인공 단어는 '축복'입니다. 앞에서 연습한 대로 리듬감을 넣어서 씁니다. 서술 문장인 '해요'는 줄 맞춤에 유의하며 무난하게 씁니다.
- '감사합니다'의 주인공 단어인 '감사'는 '감'이 받침 글자이므로 키를 크게, '사'는 민자이므로 키를 작게 써서 리듬감을 넣어주어 씁니다.

- '기대해요 더 빛날 당신' 문장에서 변형을 줄 주인공 단어는 '기대', '빛', '당신'입니다. 글씨를 쓴 다음에는 줄 맞춤이 잘 되었는지 확인합니다.
- '오늘도 스마일'에서 받침 글자 '늘'은 키를 크게, '일'의 받침 'ㄹ'에 가로획 변형을 주었습니다.

인생아 빛나라, 반짝!
당신을 사랑합니다

- '인생아 빛나라 반짝' 문장에서 변형을 줄 주인공 단어인 '인생', '빛', '짝'에 변형을 주어 씁니다.
- '당신을 사랑합니다' 주인공 단어는 '당신', '사랑'입니다. 앞에서 쓴 단어인 '당신'의 경우 '신'으로 끝나는 단어여서 'ㄴ'의 길이 변형이 가능했지만, 뒤에 조사가 오는 '당신을'의 경우에는 조사 '을'이 뒤에 오므로 변형을 주지 않습니다. 그리고 '을'이 조사임에도 키가 큰 이유는 '당신'이 변형이 어렵기 때문에 조사임에도 '을'의 길이 변형을 해 주어서 문장에 리듬을 주었습니다.

TIP **캘리그라피에서의 띄어쓰기**

캘리그라피에서 띄어쓰기는 한 칸이 아닌 반 칸 정도를 해줍니다. 의도적으로 띄어쓰기를 안 하는 경우도 있습니다. 한 칸 띄어 쓰면 단어와 단어 사이가 너무 멀어지게 되어 반 칸 띄어쓰기보다 한 문장으로 읽히기 어렵기 때문입니다. 꼭 기억합니다.

기대해요 더 빛날 당신,

두 줄 이상 문장 – 문장의 조형

※ 갤러리 → 가져오기 → 파일함에서 '손글씨 연습_6-여러 줄 문장 연습.pdf' 교안 가져오기

가져온 교안 레이어는 슬라이드해서 '잠금' 해 주고, 그 위에 레이어를 추가해서 연습합니다.

• 두 줄 이상 문장을 연습해 보겠습니다. 두 줄 이상 문장에서는 문장의 조형성을 연습하게
  됩니다. 동그라미 교안을 통해서 두 줄 이상 문장을 '덩어리 문장'으로 보이도록 연습합
  니다. '덩어리 문장'은 문장을 딱 보았을 때 한 문장으로 읽히도록 쓰는 것을 말하는데 캘리
  그라피에서 '문장의 조형성'을 말합니다. 조형이 잘 된 문장은 깔끔하면서도 글씨가 하나의
  그림처럼 한눈에 잘 들어옵니다.

예를 들어 '날마다 감사'라는 문장을 쓸 때 왼쪽의 경우 줄과 줄 사이가 벌어져서 하나의 문
장처럼 보이지 않습니다. 오른쪽처럼 첫째 줄과 둘째 줄 사이가 벌어지지 않고 잘 들어맞게
써 주는 것이 중요합니다. 그래야 문장이 한눈에 들어오고 조형이 잘 된 문장이라고 할 수 있
습니다. 또한 조형은 여러 가지 형태로 구성할 수 있는데 가장 쉽고 깔끔한 조형은 가운데 정
렬입니다. 가운데 정렬을 연습하기 위해 동그라미 안에 글씨 쓰는 연습을 해 보겠습니다.

• '오늘도 스마일'은 한 줄 문장으로 써 본 문장입니다. 동그라미 안에 글씨가 다 들어오도록
  씁니다. '오늘도'에서 받침 글자인 '늘'의 키를 살짝 키워서 쓰고, 둘째 줄의 '스마일'도 받침
  글자인 '일'의 받침 'ㄹ'을 길이 변형해서 써 줍니다. 윗줄 '늘'의 'ㄹ'은 아랫줄에 글씨가 있
  으니, 길이를 너무 길게 길이 변형해 주면 안 되고, '일'의 'ㄹ'은 아래 글자가 없으니 좀 더
  길게 길이 변형해 주어도 됩니다.

- 세 줄 문장을 써 보겠습니다. 두 줄 문장 쓰기와 원리가 동일합니다. 첫째, 둘째, 셋째 줄을 쓰고 줄 사이 간격이 벌어지지 않도록 쓰면 됩니다. 가운데 선을 중심으로 가운데 정렬이 되도록 씁니다.

  주인공 단어인 '사랑', '감사', '행복'은 단어 쓰기 연습할 때 민자와 받침 글자 원리를 생각하며 쓰면 됩니다. 반복되는 '하자'는 서술 문장이니 주인공 단어보다는 작고 무난하게 씁니다.

- '인생아 빛나라 반짝'은 둘째 줄에 있는 '빛'의 'ㅊ'을 길이 변형해 줄 때 아랫줄의 글씨와 붙지 않도록 유의해서 써 줍니다. 마지막 줄인 '짝'의 'ㄱ'을 길이 변형해 줍니다.

- '기대해요 더 빛날 당신'도 한 줄 문장 연습 때 써 본 문장입니다. 한 줄로 쓸 때는 '빛'의 길이 변형을 얼마든지 주어도 좋지만 이렇게 아래에 글자가 있는 경우는 'ㅊ'을 그냥 써 주고, '날'의 'ㄹ'을 길이를 좀 더 길게 해 줍니다.

  마지막 줄인 '신'의 'ㄴ' 받침을 길게 가로 길이 변형해 줍니다.

4. 디지털 서명 도장 만들기

모든 작품에는 작가의 서명이 있습니다. 작가의 서명은 서예에서 보통 쓰는 낙관도 있고, 작가의 친필 사인도 있습니다. 우리도 앞으로 다양한 디지털 콘텐츠를 만들어 볼 텐데 작품을 만들고 사용할 서명 도장(Signature)을 만들어 보겠습니다. 서명을 도장으로 만들어 놓으면 매번 쓰지 않고 스탬프처럼 찍을 수 있어 편합니다. 이를 응용해서 다양한 스탬프로도 만들어 볼 수 있습니다. 순서를 천천히 따라서 만들어 봅니다.

❶ 새로운 캔버스 만들기 : + 버튼을 눌러 새 캔버스를 생성해 줍니다.

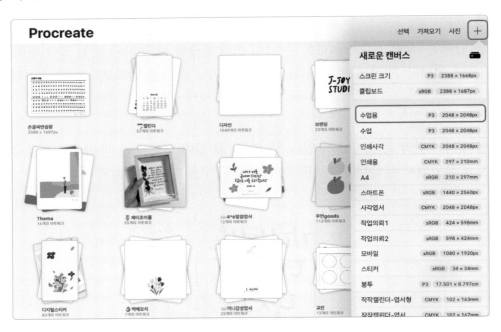

❷ 레이어 색 채우기 : 레이어 1에 색을 채웁니다. 'happy handwriting' 색상 팔레트에서 검은색을 선택하고, 애플펜슬을 대고 있다가 캔버스로 끌고 옵니다(컬러 드롭 : Color Drop).

❸ 캔버스가 검정으로 채워집니다. 이처럼 특정 색으로 배경을 채울 때에는 컬러 드롭(Color Drop)을 활용하면 됩니다.

❹ 레이어 추가하기: 검은색으로 채워진 레이어 1위에 '+' 버튼을 눌러서 새로운 레이어를 만들어줍니다.

❺ 서명 쓰기: 브러시는 'wooyoun' 브러시로 선택하고, 브러시 크기는 10~12로 씁니다. 색은 흰색으로 씁니다. 글씨 크기는 캔버스를 삼등분했을 때 가운데 1등분 정도를 쓴다고 생각하고 쓰면 됩니다. 필자의 경우는 영문으로 서명을 사용하는데 한글, 영문 상관없습니다. 본인이 여러 가지를 써 보고 선택하면 됩니다.

❻ 저장하기 : 마음에 드는 서명을 썼다면 저장합니다.

※ 동작 → 공유 → JPEG → 이미지 저장

❼ 모양 소스 바꾸기 : 'happy handwriting' 브러시에서 'Signature' 브러시를 선택하면 '브러시 스튜디오'가 나옵니다. 메뉴 중에서 '모양', '모양 소스'에서 '편집'을 누릅니다.

❽ '모양 편집기'에서 '가져오기', '이미지 소스 옵션'에서 '사진 가져오기'를 누릅니다. 내가 저장한 서명 파일을 선택하고 '완료'를 누릅니다. 'Signature' 브러시의 모양이 독자분이 만든 서명으로 바뀐 것을 확인할 수 있습니다.

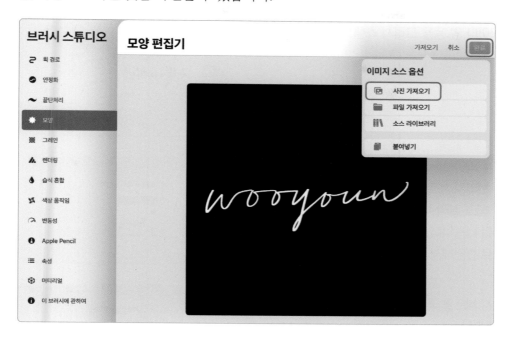

❾ 서명 브러시 써 보기: 캔버스를 새로 만들고, 서명(Signature) 브러시를 선택한 후, 캔버스에 콕콕 누릅니다.

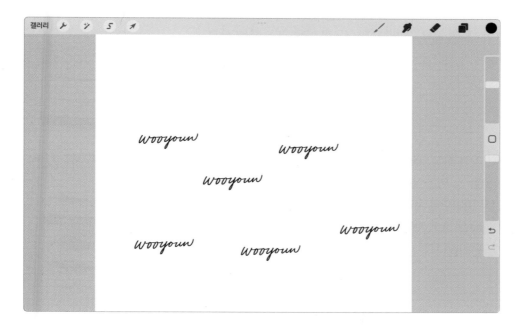

다양한 브러시 라이브러리 기능

- '브러시 라이브러리'에서 '+' 버튼을 눌러 다양한
스탬프 브러시를 만들 수 있습니다. 자주 사용하
는 꽃이나 잎 등을 그려서 스탬프처럼 활용해 봅
니다.

- 브러시 라이브러리 : 브러시 라이브러리는 현재 내가 가지고
있는 브러시 세트를 보여줍니다. 브러시 세트 라인에 애플펜
슬을 대고 살짝 내리면 새로운 브러시 세트를 만들 수 있는
버튼이 나옵니다. 내가 원하는 브러시들을 모아서 원하는 이
름으로 변경해서 브러시 세트를 만들 수 있습니다.

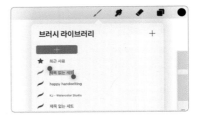

- 브러시 세트를 꾹 누르면 이름 변경, 삭제, 공유, 복제 메뉴가
나옵니다.

- 브러시의 공유, 복제, 삭제 : 브러시를 애플펜슬로 왼쪽으로
슬라이드 하면 공유, 복제, 삭제 메뉴가 나옵니다. 한 번 삭제
되면 복구가 어려울 수 있으니 조심합니다.

- 브러시 위치 이동 : 애플펜슬로 브러시를 꾹 누르면 위, 아래
로 이동할 수 있고, 다른 브러시 세트로도 이동이 가능합니
다. 같은 방법으로 브러시 세트도 꾹 누르면 위, 아래 위치 이
동이 가능합니다. 자주 쓰는 브러시 세트는 위로 올려서 사
용하면 편리합니다.

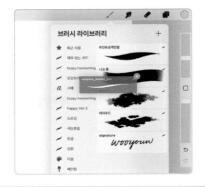

손가락 제스처

① 한 손가락 꾹 누르기 : 퀵 메뉴를 캔버스에 보이게 합니다. 또한 도형(원, 삼각형, 사각형 등)을 그리고 애플펜슬을 떼지 않은 채 캔버스에 한 손가락을 꾹 누르면 깔끔한 도형을 자동 완성시켜 줍니다.

② 두 손가락 탭 하기 & 꼬집기 – 실행 취소 : 두 손가락을 탭하면 바로 직전 작업한 획, 작업 등을 취소합니다.

탭 대신 꾹 누르면 캔버스를 이동할 수 있고 확대와 축소가 가능하며, 꼬집기 동작을 통해 캔버스를 회전시키거나 변경시킨 캔버스를 원래의 크기로 돌아가게 합니다.
또한 두 개 이상 레이어에 두 손가락을 갖다 놓고 꼬집기 동작을 하면 레이어 병합이 됩니다.

③ 세 손가락 탭 하기 & 쓸어내리기 – 재실행 : 세 손가락을 탭하면 방금 취소한 작업을 재실행합니다.

세 손가락을 쓸어내리면 '자르기 및 붙여넣기', '자르기', '복사하기' 등의 메뉴가 나옵니다.

④ 네 손가락 탭 – 전체 화면 : 네 손가락을 캔버스에 탭하면 메뉴 툴바가 숨겨지고, 전체 화면으로 나타납니다. 작업하는 콘텐츠를 풀 스크린으로 확인할 수 있습니다. 다시 되돌릴 때는 다시 네 손가락을 탭하면 됩니다.

> **TIP** **손가락 제스처 변경**
>
> 손가락 제스처는 '동작–설정–제스처 제어'에서 본인이 편한 방법으로 설정이 가능합니다.

5. 글씨와 사진으로 콘텐츠 만들기

자료 다운받기

- 배경 사진 파일은 아티오 홈페이지 자료실에서 다운로드 받을 수 있습니다(23쪽 참고).
- 배경 사진 파일은 필자가 직접 촬영한 사진입니다. 다양하게 활용해도 무방합니다.

노을 배경 문장 만들기

지금까지 연습한 단어, 문장들로 디지털 배경 화면을 만들어 봅니다.

❶ 새로운 캔버스 만들기 : '＋' 버튼을 눌러서 새 캔버스를 생성해 줍니다.
❷ 사진 가져오기 : '동작'에서 '추가'를 누르고 '파일 삽입하기'를 누릅니다.

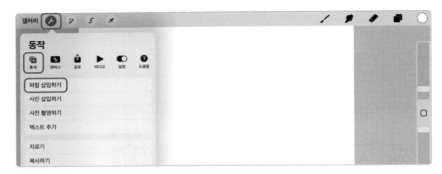

❸ 다운받은 [배경 사진] 폴더 안에서 '노을' 사진을 선택해서 가져옵니다.

❹ 문장 자르기: 연습한 '한 줄 문장' 중에서 '당신을 사랑합니다'를 가져오려고 합니다. 글씨를 쓴 레이어를 선택하고 상단의 '선택'을 누른 후, 하단에 올가미를 선택합니다.

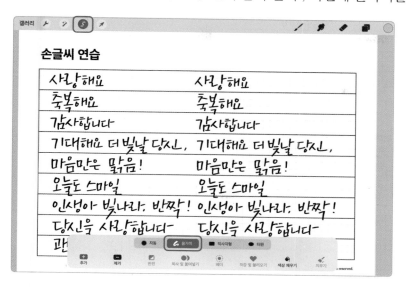

❺ 애플펜슬로 '당신을 사랑합니다' 글씨를 올가미로 동그랗게 그립니다. 위아래 글씨가 올가미에 들어가지 않게 천천히 글씨를 올가미 처리를 해줍니다.

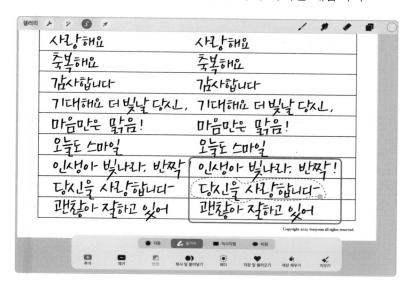

❻ 그 상태에서 세 손가락을 캔버스에 대고 쓸어내린 후 '자르기 및 붙여넣기'를 합니다.

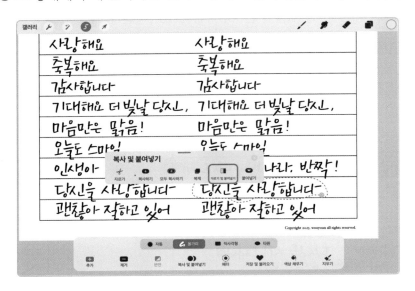

❼ 문장 가져오기 : 잘라내기 한 문장이 하나의 레이어로 생성됩니다. 레이어를 눌러 메뉴 중에서 '복사하기'를 합니다.

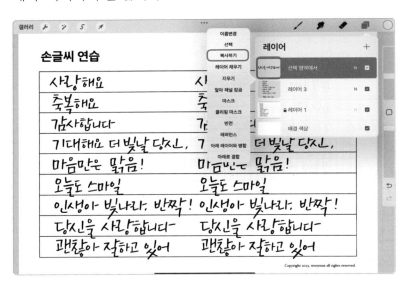

❽ 노을 사진에서 세 손가락을 쓸어내린 후 '붙여넣기'를 합니다.

❾ 문장 재배치: '이동'을 눌러서 위치와 크기를 조정해 줍니다.

❿ 색 추출하기: 사이드바의 가운데 네모에 애플펜슬을 갖다 대면 사진에 동그란 색 추출 원이 생성됩니다. 원하는 색이 보일 때까지 원을 움직여 봅니다. 원하는 색이 나왔을 때 애플펜슬을 뗍니다. 오른쪽 상단의 색을 보면 추출한 색으로 바뀝니다.

⓫ 추출한 색으로 글씨 색 바꾸기: 글씨 레이어를 누르면 메뉴들이 나오는데 '알파 채널 잠금'을 선택합니다('알파 채널 잠금'은 배경을 제외한 내가 쓴 글씨만 선택되어지는 메뉴입니다. 더 쉽게 하는 방법은 두 손가락을 레이어에 대고 오른쪽으로 쓱 밀면 됩니다. 다시 밀면 잠금이 해제됩니다. 빠르게 작업할 때는 유용하니 참고합니다).

⓬ 다시 레이어를 눌러서 '레이어 채우기'를 해 줍니다. 직접 추출한 색으로 글씨 색이 바뀝니다.

⓭ 서명하기 : 레이어를 하나 추가하고 브러시를 'Signature'로 선택합니다.

⓮ 사진 가운데를 콕 눌러줍니다. 크기를 조정하고 사진 가운데에 위치해 주면 됩니다.

⓯ 서명 색 바꾸기 : 서명도 색을 바꾸어 주려고 합니다. 서명이 있는 하단 자리가 밝으니까 이 번에는 어두운색으로 색 추출을 합니다. 사이드바의 가운데 네모를 누르면 색 추출 원이 캔버스에 나옵니다. 원을 움직이다가 내가 원하는 색이 나오면 애플펜슬을 뗍니다.

⓰ 상단의 원에 컬러가 추출한 색으로 바뀌었는지 확인하고, 서명 레이어에서 '알파 채널 잠금'을 하고 '레이어 채우기'를 하면 서명 색도 바뀝니다.

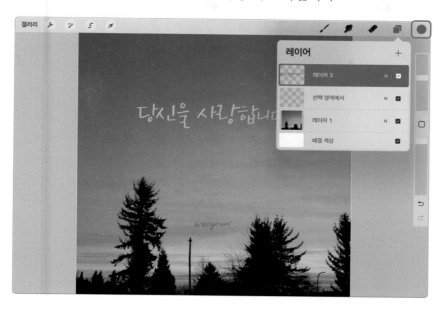

내 작업물들을 폴더로 묶기 '스택'

여러분이 만든 작업물들을 갤러리에서 종류별로 폴더 형태로 만들 수 있습니다. 바로 '스택' 메뉴입니다. 갤러리에서 '선택'을 누르면 작업물을 선택할 수 있고, 선택한 상태에서 '스택'을 누르면 내가 선택한 작업물들이 하나의 폴더로 묶입니다. 묶인 '스택'을 누르면 이름도 변경할 수 있습니다.

하늘 사진 배경 만들기

❶ 새로운 캔버스 만들기 : '+' 버튼을 눌러서 새 캔버스를 생성해 줍니다.

❷ 사진 가져오기 : '동작'에서 '추가'를 누르고, '파일 삽입하기'를 눌러 '하늘' 사진을 가져옵니다.

❸ 문장 자르기 : 연습한 '한 줄 문장' 중에서 '오늘도 스마일'을 '올가미'로 선택합니다.

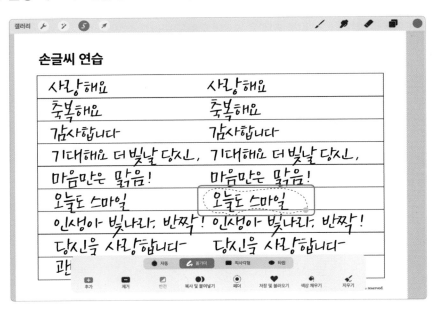

❹ 세 손가락을 쓸어내린 후 '자르기 및 붙여넣기'를 선택합니다.

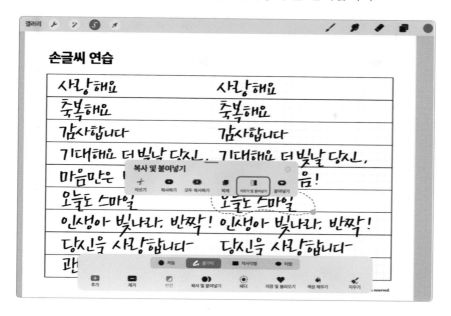

❺ 문장 가져오기 : 잘라낸 레이어를 '복사하기'합니다.

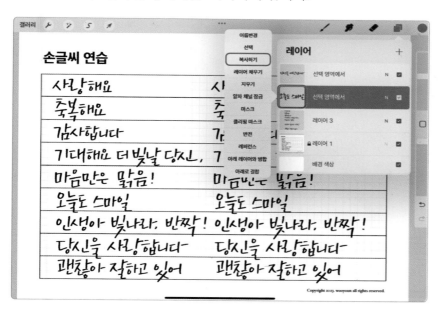

❻ '하늘' 사진에서 세 손가락을 쓸어내린 후 '붙여넣기'를 합니다.

❼ 문장 재배치 : 이동을 눌러서 위치와 크기를 조정해 줍니다.

❽ 글씨 색 바꾸기: 글씨 레이어를 '알파 채널 잠금'하고, 팔레트에서 흰색을 선택한 후 '레이어 채우기'를 합니다.

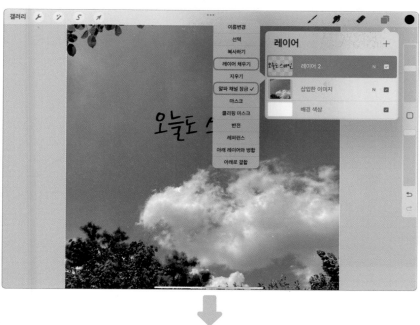

❾ 서명하기 : 레이어를 추가하고, 'Signature' 브러시를 선택 후 서명을 합니다.

바다 하늘 사진 배경 만들기

❶ 새로운 캔버스 만들기 : '+' 버튼을 눌러서 새 캔버스를 생성해 줍니다.

❷ 사진 가져오기 : '동작'에서 '추가'를 누르고, '파일 삽입하기'를 눌러 '바다 하늘' 사진을
가져옵니다.

❸ 문장 자르기: 연습한 '여러 줄 문장' 중에서 '인생아 빛나라 반짝'을 가져옵니다.

※ 글씨 레이어 → 선택 → 올가미 → 애플펜슬로 글씨를 올가미하기 → 세 손가락 쓸어내리기 → 자르기 및
붙여넣기

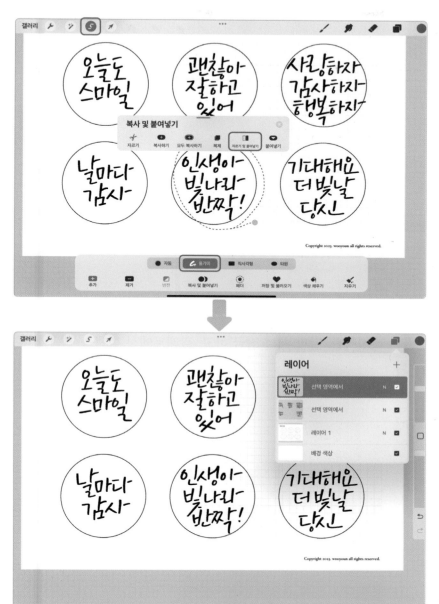

❹ 문장 가져오기: 잘라낸 레이어에서 '복사하기'를 누릅니다. '바다 하늘' 사진에서 세 손가락을 쓸어내린 후 '붙여넣기'를 합니다.

❺ 문장 재배치: '이동'을 눌러서 위치와 크기를 조정해 줍니다.

❻ 글씨 색 바꾸기: 글씨 레이어를 '알파 채널 잠금'하고, 팔레트에서 흰색을 선택한 후 '레이어 채우기'를 합니다.

❼ 서명하기: 레이어를 추가하고 'Signature' 브러시 선택 후 서명을 합니다.

❽ 글씨 효과 주기-가우시안 흐림 효과: 글씨를 좀 더 돋보이도록 효과를 주는 방법입니다. 글씨 레이어를 한 손가락으로 왼쪽으로 슬라이드하고 '복제'를 선택합니다.

❾ 같은 글씨 레이어가 두 개가 됩니다. 아래 글씨 레이어 메뉴에서 '알파 채널 잠금' 해제를
합니다.

❿ '조정'에서 '가우시안 흐림 효과'를 누릅니다.

⓫ 상단에 퍼센트 표시가 보입니다. 왼쪽에서 오른쪽으로 애플펜슬을 드래그하여 10% 정도
가 나올 때까지 조정합니다.

⓬ 극적인 효과 주기: '빛 브러시'를 통해 글자에 극적인 효과를 주려고 합니다. 레이어를 추가
합니다. 브러시 세트를 보면 '빛'이라는 브러시 세트가 있습니다. 프로크리에이트 기본 브
러시입니다. '빛 브러시' 중에서 '플레어'를 선택합니다.

❸ '인생아 빛나라 반짝' 글씨 중에서 '반' 글자 위를 톡 눌러줍니다.

❹ '선택'을 누르고 위의 초록색을 틀어주면 회전이 됩니다. 살짝만 회전해 주고 크기도 조금
줄여줍니다.

⑮ 광이 조금 밝으니 레이어 옆에 'N'을 누르면 '불투명도'가 나옵니다. 여기서 '불투명도'를 조금 낮추어주면 좀 더 자연스럽습니다.

독자 Q&A   **레이어를 더 빠르게 이동할 수 있는 방법이 있나요?**

레이어를 눌러서 메뉴의 '복사하기'를 통해 이동할 수 있지만 더 쉽게 이동하는 방법도 있습니다. 레이어를 꾹 누른 상태에서 갤러리로 나와서 원하는 캔버스를 누르고 손을 떼면 됩니다. 그러면 레이어가 자동복제되어 이동됩니다. 주의할 점은 원하는 캔버스로 이동할 때까지 손을 떼면 안 됩니다. 빠르게 작업할 때 유용한 팁입니다.

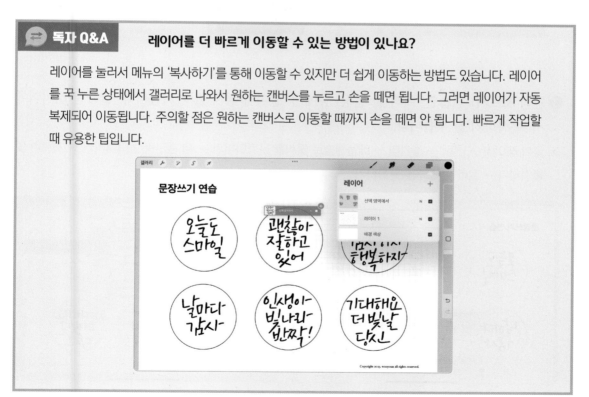

꽃 사진 배경 만들기

❶ 새로운 캔버스 만들기: '+' 버튼을 눌러서 새 캔버스를 생성해 줍니다.

❷ 사진 가져오기: '동작'에서 '추가'를 누르고, '파일 삽입하기'를 눌러 '꽃' 사진을 가져옵니다.

❸ 문장 자르기: 연습한 '여러 줄 문장' 중에서 '날마다 감사'를 가져옵니다. 잘라낸 레이어에서 '복사하기'를 누릅니다.

※ 글씨 레이어 → 선택 → 올가미 → 애플펜슬로 글씨를 올가미하기 → 세 손가락 쓸어내리기 → 자르기 및 붙여넣기 → 잘라낸 레이어 '복사하기'

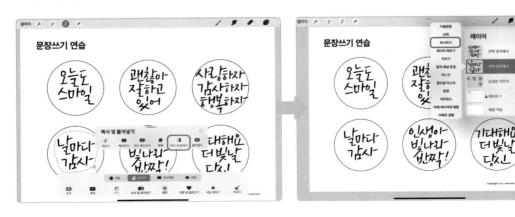

❹ 문장 가져오기: '꽃' 사진에서 세 손가락으로 쓸어내린 후 '붙여넣기'를 합니다. 또는 가져올 레이어에서 꾹 누르고 갤러리로 나간 후, 사진 캔버스로 가져와서 손을 뗍니다.

❺ 문장 재배치: '이동'을 눌러서 위치와 크기를 조정해 줍니다.

❻ 글씨 분리하기 : 이번에는 문장에서 일부만 글씨 색을 바꾸어 주려고 합니다. '날마다 감사' 글씨 레이어 상태에서 '감사' 글씨만 천천히 올가미로 묶어줍니다. 세 손가락을 쓸어내린 후 '자르기 및 붙여넣기'를 합니다.

❼ '감사'만 따로 레이어가 생성됩니다.

❽ 색 추출하기: 색 추출 버튼을 누르고 동그라미 원을 꽃에 갖다 대어 색을 추출합니다. 원하는 색이 나왔을 때 애플펜슬을 뗍니다.

❾ 오른쪽 상단의 색상 팔레트 색이 추출한 색으로 바뀝니다.

❿ 추출한 색으로 글씨 색 바꾸기 : '감사' 글씨 레이어를 누른 후, 메뉴에서 '알파 채널 잠금'을 하고 다시 메뉴에서 '레이어 채우기'를 합니다. '감사'가 추출한 색으로 바뀝니다.

※ '감사' 글씨 레이어 누르기 → 메뉴에서 '알파 채널 잠금' 선택 → 다시 눌러서 메뉴에서 '레이어 채우기'

⓫ 서명하기 : 레이어를 추가하고, 'Signature' 브러시를 선택 후 서명을 합니다.

카페 사진 배경 만들기 – 사진 위에 직접 써 보기

❶ 새로운 캔버스 만들기: '＋' 버튼을 눌러서 새 캔버스를 생성해 줍니다.

❷ 사진 가져오기: '동작'에서 '추가'를 누르고, '파일 삽입하기'를 눌러 '카페' 사진을 가져옵니다.

❸ 글씨 쓰기: 가져온 사진 위에 '＋' 버튼을 눌러서 레이어를 추가합니다. 브러시는 'wooyoun'을 선택하고 색은 흰색, 브러시 크기는 6으로 설정합니다.

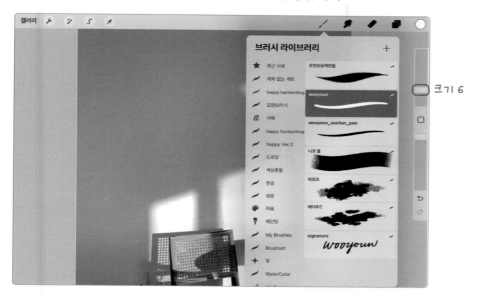

❹ 써 볼 문장은 '잘하고 있어요 당신'입니다. 두 줄로 구성해 보려고 합니다. '두 줄 이상 문장 쓰기'에서 연습한 내용을 생각하면서 한 번 써 봅니다.

❺ 서명하기 : 레이어를 추가하고, 'Signature' 브러시를 선택 후 서명을 합니다.

🔁 **독자 Q&A**   **글씨 작업할 사진은 어떻게 찍어야 할까요?**

글씨를 올리기 위해서는 배경이 어둡거나 밝은 것이 좋습니다. 또한 너무 복잡한 사진은 글씨의 가독성이 떨어지니 심플한 배경이 좋습니다. 파란 하늘이나 노을 사진 등도 좋습니다. DSLR 같은 카메라가 아니고 스마트폰 사진으로도 해상도는 괜찮습니다. 정방형 크기의 사진은 인스타그램에 올리는 콘텐츠 작업에 좋으며, 16 : 9 크기의 사진은 폰 배경이나 인스타그램 스토리, 릴스 콘텐츠로 좋습니다.

스마트 폰 배경 만들기

❶ **사진 가져오기**: 갤러리에서 '가져오기'를 누르고, 파일함에서 '사진-폰 배경' 사진을 가져옵니다.

❷ **문장 자르기**: 연습한 '여러 줄 문장' 중에서 '기대해요 더 빛날 당신'을 가져옵니다.

※ 글씨 레이어 선택 → 올가미 → 애플펜슬로 글씨를 올가미하기 → 세 손가락 쓸어내리기 → 자르기 및 붙여넣기

❸ 문장 가져오기: 잘라낸 레이어에서 '복사하기'를 누릅니다. '사진-폰 배경'에서 세 손가락을 쓸어내린 후 '붙여넣기'를 합니다.

❹ 문장 재배치: '이동'을 눌러서 위치와 크기를 조정해 줍니다. 폰 배경 글씨는 너무 큰 경우 예쁘지 않으니 작은 크기로 줄여줍니다.

❺ 글씨 색 변경하기 : 글씨는 흰색으로 바꾸어 줍니다.

※ 글씨 레이어 '알파 채널 잠금' → 흰색으로 색 선택 → 글씨 '레이어 채우기'

❻ 서명하기 : 레이어를 추가하고, 'Signature' 브러시를 선택 후 서명을 합니다. 서명은 나뭇잎 색을 추출하여 색을 바꾸어 줍니다.

※ 색 추출 → 서명 레이어 '알파 채널 잠금' → 서명 '레이어 채우기'

❼ 이미지 공유 : '동작'에서 '공유'를 누르고 'JPEG'를 선택합니다.

❽ 아이폰의 경우 에어드롭으로 스마트폰으로 바로 공유가 가능합니다.

❾ 안드로이드폰은 아이패드에 설치된 다양한 앱을 이용해 스마트폰으로 다운로드합니다.

❿ 폰에서 배경 화면으로 설정한 화면입니다.

스마트 폰 배경 활용하기

- 폰 배경 크기는 보통 1080×1920px로 제작합니다. '새로운 캔버스'의 크기를 폰 배경 크기로 만들어 저장해 놓으면 편리합니다.
- 사진 촬영할 때 16 : 9 크기로 촬영하고, 프로크리에이트에서 폰 배경 캔버스에 이미지를 가져오기 하면 됩니다.

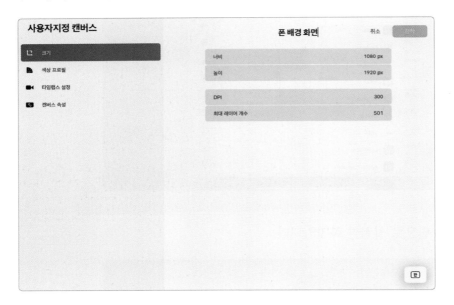

- 직접 촬영한 다양한 사진으로 폰 배경 이미지를 만들어 보세요. 필자의 경우에는 '그라폴리오'라는 창작 플랫폼에 올리고 있습니다. 유료, 무료 콘텐츠를 올릴 수 있어서 추가 수입을 얻고 싶은 분들은 크리에이터 신청해서 활용하면 좋습니다.

또한 블로그에서 폰 배경 화면 무료 공유를 하는 것도 노출을 늘리고 팔로워를 확보하는데 좋은 방법입니다.

TIP **복잡한 이미지에 글씨 쓰기**

복잡한 이미지(사진)에 가독성 있게 글씨를 쓰는 여러 방법 중 간단한 방법을 알려드리겠습니다.

복잡한 이미지(사진) 위에 레이어를 추가하고, 진한 색으로 컬러 드롭합니다. 불투명도를 낮춰 주고 레이어를 추가한 후 글씨를 쓰는 방법입니다. 단, 불투명도를 너무 낮추면 글씨 가독성이 떨어지고 지저분해 보일 수 있으니 50% 이상으로 하는 것이 좋습니다. 가독성이 좋으면서, 필터를 넣은 효과가 나서 분위기 있는 콘텐츠가 됩니다.

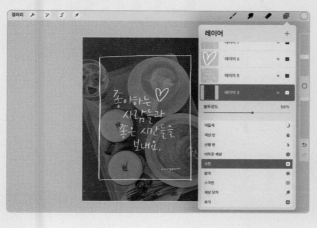

연습용 콘텐츠 문장 교안입니다. 프로크리에이트로 '가져오기' 후 연습합니다.

문장쓰기 연습 _2

이제,
피어날거예요!

안녕, 봄!

당신의
날들이
행복하길

괜찮아
잘하고
있어

모두에게
평안을
축복을.

문장쓰기 연습 _3

SUMMER

CHECK
LIST

new POST!

NEW

문장쓰기 연습 _4

마음만은
맑음

수고했어
오늘도

당신의 ♥
일상이
행복한
오월이길

잘하고 있어요
당신

당신을
사랑합니다.

날씨가 좋고요,
당신도 좋아요

문장쓰기 연습 _5

너희모든일을
사랑으로
행하리

누군가
널 위해
기도하네

사랑은 언제나 오래참고
사랑은 언제나 온유합니다

복있는 사람은
악인의 꾀를 따르지
아니하며

주님
언제나
내곁에

너희는 인생을 의지하지
말라 그의 호흡은 코에 있나니
섬길 가치가 어디있느냐

사 2 : 22

03 : 아이패드로 그리는 디지털 드로잉

1. 디지털 드로잉의 시작

디지털 손글씨에 이어 디지털 드로잉을 시작해 보겠습니다. 필자는 그림을 따로 배우지 않았습니다. 그래서 그림을 전공했거나 일러스트 작가들에 비하면 그림을 잘 그리지는 않습니다. 캘리그라피를 하다보니 글씨와 어울리는 그림을 조금씩 그리기 시작했습니다. 물론 그림을 아주 잘 그리면 좋겠지만 손글씨와 어우러지는 그림은 그렇게 잘 그리지 않아도 괜찮습니다. 글씨가 돋보이기 위해서는 그림은 깔끔하게만 그리면 됩니다. 요즘은 다양하게 참고할 수 있는 드로잉 방법이 많고 특히 디지털 드로잉 브러시는 다양한 질감과 색상을 사용할 수 있어 초보자도 쉽게 그림을 그릴 수 있습니다. 그러면 디지털 드로잉을 하기 위한 기초 내용을 알아보겠습니다.

디지털 드로잉 브러시

디지털 드로잉 브러시는 정말 다양합니다. 프로크리에이트가 글씨보다는 드로잉에 특화되어 있기 때문에 다양한 기본 드로잉 브러시들이 많이 있습니다. 연필, 수성 물감, 유성 물감, 페인트, 크레용, 분필 등 종류가 다양합니다. 천천히 하나씩 사용해 보고 나에게 가장 적절한 브러시를 선택하면 됩니다. 처음에는 브러시 종류가 많다 보니 그림을 그릴 때 어떤 것을 가지고 그릴지 어려울 수 있습니다. 그래서 필자가 그림 그릴 때 자주 사용하는 브러시 세트로 그림을 그려 보려고 합니다. 미리 다운로드한 'happy handwriting' 브러시 세트입니다.

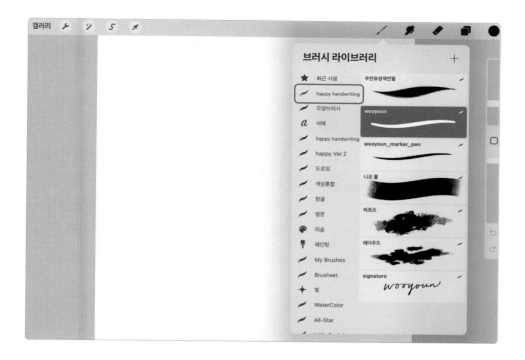

'happy handwriting' 브러시 세트에서 가장 위의 세 개는 필자가 커스텀한 브러시입니다.

'우연유성색연필'은 색연필 드로잉 효과가 있는 브러시입니다. 그림도 그리고, 가끔 글씨를 쓰기도 합니다.

'wooyoun' 브러시는 글씨 쓸 때 주로 쓰는 브러시입니다. 'wooyoun_maker_pen'은 드로잉 마커펜입니다. 깔끔한 선이나 그림을 그릴 때 주로 사용합니다.

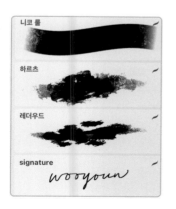

'니코 룰', '하르츠', '레더우드'는 프로크리에이터에 있는 기본 브러시입니다. 모두 그림 그릴 때 사용합니다. 'Signature' 브러시는 서명 브러시입니다. 앞의 작업을 통해서 여러분의 서명으로 바뀌어 있을 것입니다.

색상

캔버스 오른쪽 상단에 동그란 원에는 현재 내가 선택한 색상이 표시됩니다. 이 원을 누르면 색상을 선택할 수 있는 다양한 방법이 있습니다.

- 디스크: 동그란 원형의 색상판이 나옵니다. 하단에는 내가 최근에 사용한 색, 그리고 기본값으로 지정한 팔레트가 나옵니다.

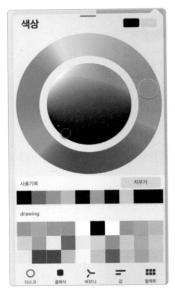

- 클래식: 상단에 두 개의 사각형에 색상이 표시되는데 왼쪽은 현재 쓰고 있는 색이고, 오른쪽은 보조 색입니다. 큰 사각 패널을 터치해서 색을 고르거나 하단의 슬라이드를 움직여서 색을 조절할 수도 있습니다.

- 하모니: 색을 고르면 어울리거나 대비되는 색을 찾아줍니다. 큰 동그란 패널에 있는 작은 동그라미를 움직이면서 색을 고릅니다.

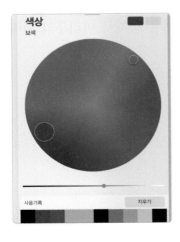

- 값: 색상의 고윳값을 나타냅니다. 원하는 색상 값을 알고 있다면 입력해서 색을 선택할 수도 있습니다.

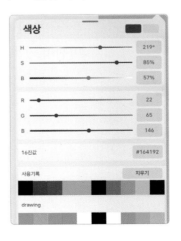

- 팔레트: 마치 팔레트에 물감을 짜놓은 듯한 색상 팔레트입니다. 좋아하고 자주 쓰는 색을 콕콕 찍어서 저장하고 사용할 수 있습니다. 상단을 보면 작게 보는 소형, 색 이름이 기재된 카드형이 있습니다.

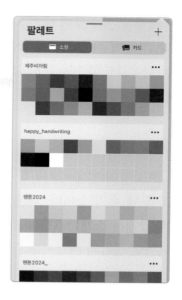

TIP **슬기로운 팔레트 사용법**

팔레트 메뉴의 '十' 버튼을 누르면 팔레트 생성 메뉴가 나타납니다.

- 새로운 팔레트 생성: 빈 팔레트가 완성되고, 그리다가 마음에 드는 색을 저장하고 싶을 때 애플펜슬로 콕 갖다 대면 팔레트에 색이 저장됩니다. 저장된 색은 다시 꾹 눌러서 저장이나 삭제가 가능합니다.

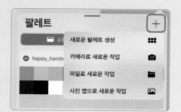

- 카메라로 새로운 작업: 카메라로 바로 사진을 찍으면, 색이 추출되어 팔레트가 생성됩니다.
- 파일로 새로운 작업: 파일함에 저장된 이미지를 선택하면 색이 추출되어 팔레트가 생성됩니다.
- 사진 앱으로 새로운 작업: 갤러리의 사진을 선택하면 색 추출 작업이 되어 팔레트가 생성됩니다.

제주 비자림에서 촬영한 사진에 대해 '파일로 새로운 작업' 메뉴를 이용하여 만든 색상 팔레트입니다. 다양한 초록색의 팔레트가 완성된 것을 확인할 수 있습니다. 자신이 좋아하는 주제별(크리스마스, 바다 등) 다양한 팔레트를 만들어 활용해 봅니다.

색상을 쓰다 보면 내가 자주 사용하는 색상이 생기게 됩니다. 자신의 취향에 따라 팔레트를 만들어 봅니다. 이 책에서는 다운로드한 'happy handwriting' 팔레트를 활용해서 그려 봅니다.

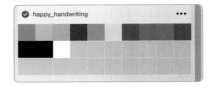

배경지

드로잉 수업에서 사용할 스케치북 배경지입니다. 마치 실제 스케치북에 그림을 그린 듯한 효과를 낼 수 있습니다. 다운로드해서 파일함에 저장해 두면 됩니다. 배경지도 여러 가지가 있는데 앞에서 소개한 'Unsplash' 앱에서 'paper'로 검색하면 종이 질감의 여러 배경지가 나옵니다. 다양한 질감의 배경지를 갤러리나 파일함에 저장해 두고 활용해 봅니다.

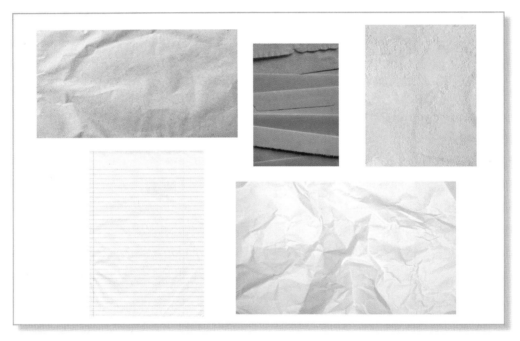

▲ 다양한 배경지들

디지털 브러시 다운 받기

요즘에는 많은 작가들이 자신들이 만든 디지털 브러시를 공유하거나 판매하고 있습니다. 프로크리에이트 홈페이지에서도 공식 커뮤니티를 통해 다양한 무료 브러시들을 다운 받을 수 있으니 활용해 봅니다.

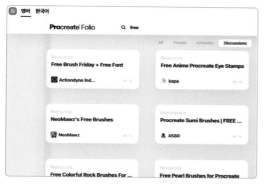

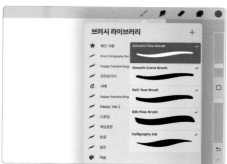

Procreate 홈페이지에서(Procreate.com) 하단의 'Learn & Support'의 'Discussions'를 누르면 커뮤니티로 이동하며, 프로크리에이트 작가들의 유료, 무료 브러시, 캔버스, 팔레트 등이 있습니다. Free로 검색하면 무료로 제공하는 브러시를 다운 받을 수 있고, 다운로드 받아서 공유할 때는 프로크리에이트 앱으로 바로 공유하면 프로크리에이트 앱을 열었을 때 브러시 상단에 다운 받은 브러시가 들어가 있습니다.

2. 드로잉 실습 - 잎과 꽃 그리기

손글씨와 어울리는 그림 중에서 가장 쉬운 잎과 꽃을 그려보겠습니다.

한 잎 그리기1

❶ 캔버스를 새로 만들고, 스케치북 배경지를 가져옵니다.

※ 동작 → 추가 → 파일 삽입하기 → 파일함에서 스케치북 배경지 선택

❷ 그 위에 '+' 버튼을 눌러서 레이어를 추가해 줍니다.

❸ 'wooyoun_marker_pen' 브러시를 선택하고, 'happy handwriting' 팔레트에서 가장 진한 녹색을 선택합니다. 브러시 크기는 20으로 합니다.

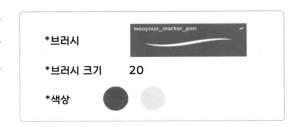

❹ 잎 모양을 양쪽으로 곡선을 넣어 그려줍니다.

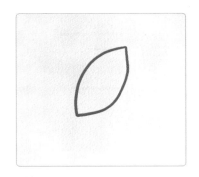

❺ 줄기를 살짝 빼서 그려줍니다.

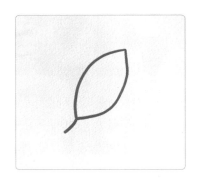

❻ 컬러 드롭해서 색을 채웁니다.

❼ 연한 색을 선택해서 가운데 잎맥을 그려줍니다.

⇄ 독자 Q&A　　**컬러 드롭(Color Drop)이 안 되는 경우**

컬러 드롭은 색상에서 애플펜슬로 색을 캔버스로 끌고 와서 쉽게 색을 채우는 기능입니다. 배경지의 전체 색을 채우거나 원하는 그림 일부의 색을 채울 때도 사용합니다. 그런데 컬러 드롭을 할 때 주의할 점이 있습니다. 예를 들어 잎을 그리고 색을 채우는데 잎을 엉성하게 그려놓으면 잎만 컬러 드롭이 되지 않고 캔버스 전체가 컬러 드롭이 됩니다.

색을 채우려는 그림을 꼼꼼하게 라인을 메워야 그곳에만 컬러 드롭 했을 때 색이 채워지니 유의합니다.

세 잎, 다섯 잎 그리기

❶ 캔버스를 새로 만들고, 스케치북 배경지를
   가져옵니다. 레이어를 추가합니다. 브러
   시, 브러시 크기, 색상을 선택합니다.

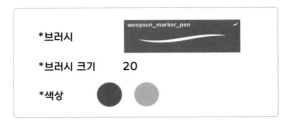

❷ 세 잎은 줄기를 먼저 그립니다. 잎을 그릴 때도 곡선으로
   그려주지만 줄기를 그릴 때도 식물이다 보니 직선이 아닌
   약간의 곡선을 넣어서 그려야 자연스럽습니다.

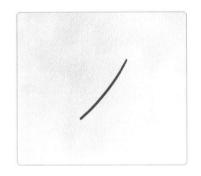

❸ 줄기를 따라 잎을 세 개를 그립니다.

❹ 컬러 드롭해서 색상을 채웁니다.

❺ 세 잎을 그린 레이어는 '숨김'하고 새 레이어를 추가합니다. 다섯 잎은 줄기를 좀 더 길게 그립니다.

❻ 줄기를 따라서 잎을 다섯 개 그려줍니다.

❼ 마찬가지로 색을 채웁니다.

❽ 열매를 추가해서 그려도 예쁩니다.

응용

앞에서 써 본 문장 중 하나를 잎과 함께 구성
했습니다. 간단한 잎 그림으로도 콘텐츠 제작
이 가능합니다. 다양하게 구성해 봅니다.

한 잎 그리기 2

❶ 캔버스를 새로 만들고, 스케치북 배경지를
가져옵니다. 레이어를 추가합니다. 브러
시, 브러시 크기, 색상을 선택합니다.

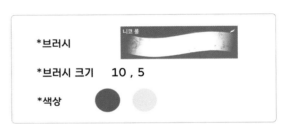

❷ '니코 룰' 브러시는 질감이 있는 브러시입니다. 한 잎만 그
리거나 큰 잎사귀, 꽃을 그릴 때 많이 사용합니다.

❸ 잎 모양을 그립니다.

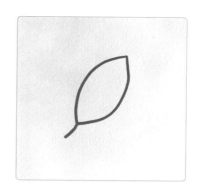

❹ '니코 룰' 브러시로 컬러 드롭하지 않고, 나머지를 채워서
그립니다. '니코 룰' 브러시는 질감 무늬가 있기 때문에 그
려서 채우는 것이 자연스럽고 예쁩니다.

❺ 브러시 크기를 5로 낮추고 줄기를 그려줍니다. 연한 색을
선택해서 가운데 잎맥을 그려줍니다.

네 잎 꽃 그리기

❶ 캔버스를 새로 만들고, 스케치북 배경지를
가져옵니다. 레이어를 추가합니다. 브러
시, 브러시 크기, 색상을 선택합니다.

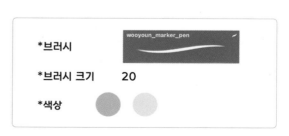

❷ 동글 동글하게 꽃잎을 네 번 그려줍니다.

❸ 색을 채웁니다.

❹ 꽃 수술을 그려줍니다.

동백꽃 그리기

❶ 캔버스를 새로 만들고, 스케치북 배경지를
가져옵니다. 레이어를 추가합니다. 브러
시, 브러시 크기, 색상을 선택합니다.

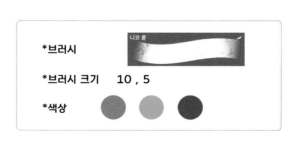

❷ 빨간색으로 네 잎 꽃을 그립니다.

❸ 동백꽃 안의 노란 수술을 그려줍니다.

❹ 진한 초록색을 선택해서 동그란 잎을 표현해 줍니다.

❺ 잎은 꽃에 바로 붙여서 그려도 되고, 제가 자주 표현하는
   방법인데 날리듯 따로 그려주어도 예쁩니다.

개나리 꽃 그리기

❶ 캔버스를 새로 만들고, 스케치북 배경지를 가져옵니다. 레이어를 추가합니다. 브러시, 브러시 크기, 색상을 선택합니다.

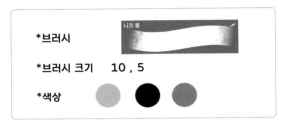

❷ 개나리꽃은 동백꽃과 다르게 길쭉길쭉한 형태로 그려주고 색을 채웁니다.

❸ 이번에는 진한 갈색으로 꽃 수술을 동그랗게 그려줍니다.

❹ 꽃 레이어를 왼쪽으로 밀어서 '복제'를 누릅니다.

❺ 복제한 꽃은 '이동'을 눌러서 크기, 각도를 변경시켜서 이동합니다.

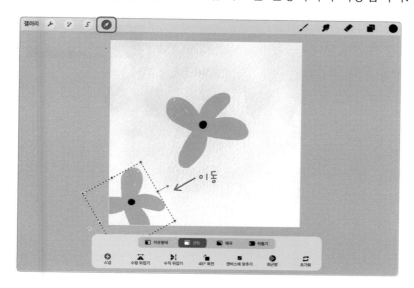

❻ 네 번 정도 레이어를 복제해서 캔버스 여기저기에 배치합니다.

❼ 레이어를 추가하고 꽃 사이사이에, 앞에서 그려 본 잎들을 그려줍니다.

튤립 꽃 그리기

❶ 캔버스를 새로 만들고, 스케치북 배경지를 가져옵니다. 레이어를 추가합니다. 브러시, 브러시 크기, 색상을 선택합니다.

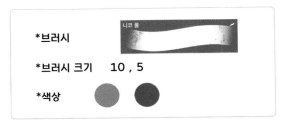

*브러시

*브러시 크기   10 , 5

*색상

❷ 크게 한 잎을 그려 주고, 옆으로 두 번째 잎을 겹쳐서 그려 줍니다.

❸ 줄기를 그려줍니다.

❹ 잎은 줄기를 타고 길쭉한 형태로 그려줍니다.

3. 드로잉 실습 – 귀여운 아이템 그리기

하트 그리기

가장 쉬우면서도 문장과 잘 어울리는 그림이 하트입니다. 그냥 문장을 쓰고 하트 하나만 딱 올려도 어색하지 않습니다. 하트는 보통 빨간색이나 노란색으로 그리면 어울립니다.

❶ 캔버스를 새로 만들고, 스케치북 배경지를 가져옵니다. 레이어를 추가합니다. 브러시, 브러시 크기, 색상을 선택합니다.

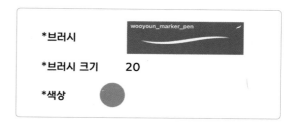

❷ 한 쪽씩 그리는 게 좀 더 쉽습니다.

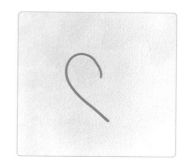 

❸ 색을 채워도 되고 채우지 않아도 됩니다.

❹ 하나가 심심하면 작은 하트를 옆으로 하나 더 그려줍니다.

구름 그리기

❶ 캔버스를 새로 만들고, 스케치북 배경지를 가져옵니다. 레이어를 추가합니다. 브러시, 브러시 크기, 색상을 선택합니다.

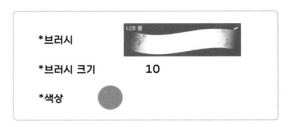

❷ 위를 먼저 그리고 몽글몽글한 느낌이 나게 아래를 그려줍니다.

❸ 색을 채웁니다.

❹ 레이어를 하나씩 추가하면서 작은 구름 두 개를 각각 더 그려줍니다.

❺ 구름 한 개 정도는 '불투명도'를 낮추어 주면 멀리 있는 구름 느낌이 나서 자연스럽습니다.

얼굴 그리기

❶ 캔버스를 새로 만들고, 스케치북 배경지를 가져옵니다. 레이어를 추가합니다. 브러시, 브러시 크기, 색상을 선택합니다.

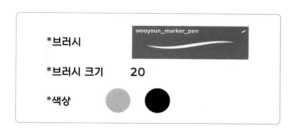

❷ 밝은 문장에 어울리는 그림
  입니다. 동그라미를 그려주
  고 컬러 드롭해서 색을 채웁
  니다.

❸ 검은색으로 눈과 입을 그려서 웃는 얼굴을 그려줍니다.

❹ 얼굴을 크게 표현하면 달이 됩니다. 추석 인사로 만들어본 콘텐츠입니다.

종이컵 그리기

❶ 캔버스를 새로 만들고, 스케치북 배경지를
  가져옵니다. 레이어를 추가합니다. 브러
  시, 브러시 크기, 색상을 선택합니다.

*브러시	wooyoun_marker_pen
*브러시 크기	20
*색상	

❷ 컵의 옆면을 먼저 그려줍니다.

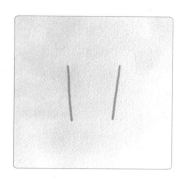

❸ 옆면을 이어서 컵의 바닥을 타원형으로 그리고, 컵의 윗부분을 그려줍니다.

❹ 레이어를 추가하고 컵 홀더를 그리고 색을 채웁니다.

❺ 레이어를 추가하고 커피 컵에 커피를 담아줍니다.

❻ 레이어를 추가하고 컵 홀더에 'COFFEE'라고 써 줍니다.

손잡이가 있는 카페 컵 그리기

카페나 가게에 가면 예쁜 컵들이 많이 있습니다. 사진으로 찍어와서 그려봐도 좋고, 소장하고 싶은 다양한 색상의 컵들을 그려도 좋습니다.

❶ 캔버스를 새로 만들고, 스케치북 배경지를 가져옵니다. 레이어를 추가합니다. 브러시, 브러시 크기, 색상을 선택합니다.

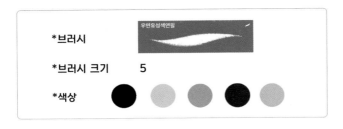

❷ 컵 옆면을 먼저 그린 후, 바닥을 이어서 그려줍니다.

 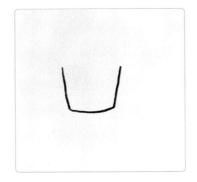

❸ 바닥의 곡선과 비슷하게 컵의 윗부분을 그립니다. 손잡이를 그려줍니다.

❹ 레이어를 추가하고 컵 받침을 그려줍니다. 레이어를 추가
하고 원하는 색으로 색칠하면 됩니다.

❺ 레이어를 추가하고 컵에 진한 아메리카노를 갈색으로 그
려서 담아봅니다.

❻ 레이어를 추가하고 하얀색으로 작은 하트를 그려주면 라떼가 됩니다. 또는 레이어를 추가
하고 티백 끈을 그려주면 차 느낌이 납니다.

이 그림을 그릴 때 레이어를 나누어서 그렸습니다. 레이어를 나누어서 그리면 나중에 다양하게 커피잔을 응용할 수 있기 때문입니다.

레이어는 한 손가락으로 왼쪽에서 오른쪽으로 슬라이드하면서 선택하고, 맨 위의 '그룹'을 누르면 그룹화됩니다.

새로운 그룹이 생성됩니다.

새로운 그룹 옆의 꺽쇠 모양을 누르면 그룹이 '숨김' 처리 됩니다. 다양한 작업을 할 때 유용하게 작업할 수 있습니다.

나무 그리기

❶ 캔버스를 새로 만들고, 스케치북 배경지를 가져옵니다. 레이어를 추가합니다. 브러시, 브러시 크기, 색상을 선택합니다.

❷ 나무의 기둥을 하나 그려줍니다.

❸ 나무 기둥을 그린 색을 선택한 상태에서 '색상' 하단의 '디스크'를 누릅니다. 동그란 커서를 밝은색 쪽으로 이동시켜서 연한 갈색을 선택합니다.

❹ 두 번째 나무의 기둥은 조금 키를 작게 그려줍니다.

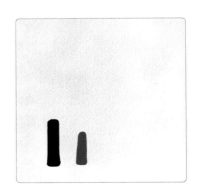

❺ 레이어를 추가하고 첫 번째 나무의 잎사귀를 그리는데 길죽한 형태로 그려줍니다.

❻ 레이어를 추가하고 두번째 나무의 잎사귀는 키를 조금 더 작게 모양은 조금 동글게 그려줍니다.

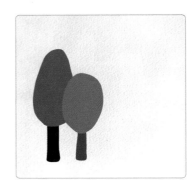

❼ 레이어를 추가하고 같은 초록색으로 바닥에 잔디를 깔아 주어도 어울립니다.

좀 더 쉽게 그리는 방법 없나요?

내가 그리고 싶은 그림이 있는데 어떻게 그려야 할지 막연할 때가 있습니다.

그럴 때 사용하는 유용한 방법을 알려드릴게요. 바로 'flaticon.com'이라는 플랫폼입니다.

여러분들이 만약 꽃을 그리고 싶다 하면 여기에 'flower'라고 검색하면 심플한 꽃 그림들이 많이 나옵니다. 여기에 그림을 참고하셔서 여러분이 마음에 드는 꽃을 그리면 됩니다.

여러분들이 앞에서 그려본 나무나 잎사귀도 'trees', 'leafs'라고 검색하면 다양하고 심플한 그림들이 나옵니다. 심플한 그림을 연습할 때 많은 도움이 됩니다. 'chrome'에서 열면 번역도 되며 회원가입 없이도 검색할 수 있으니 처음에 드로잉 연습할 때 많이 활용해 봅니다. 또한 많은 분이 알고 계시는 'pinterest' 또한 다양한 그림을 참고하기 좋은 플랫폼입니다.

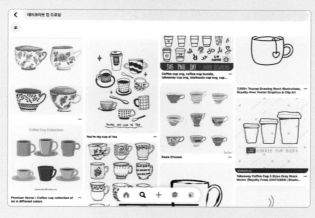

4. 드로잉 실습 – 배경 그리기

몇 개의 배경 화면을 만들어 놓으면 다양하게 응용이 가능합니다. 가장 쉬운 그러데이션 배경부터 만들어 봅니다. 두 가지 이상의 색을 섞어서 자연스럽게 그러데이션 배경을 만드는 방법입니다.

간단한 줄긋기로 그러데이션 배경 만들기 – 가우시안 흐림 효과

❶ 캔버스를 새로 만들고, 브러시, 브러시 크기, 색상을 선택합니다.

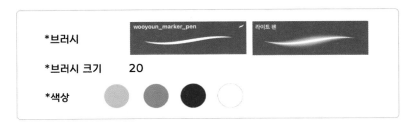

❷ 맨 하단에 분홍색으로 선을 하나 긋고 색을 채웁니다.

❸ 그 위에 위아래로 빨간색으로 긋고 색을 채웁니다.

❹ 마지막으로 파란색을 긋고 색을 채웁니다.

(* 주의: 세 가지 색이 모두 한 레이어에 있어야 합니다.)

❺ '조정'에서 '가우시안 흐림 효과'를 줍니다. 숫자가 커질수록 많이 흐려지는 효과가 있습니다. 70 정도로 설정합니다. 자연스러운 그러데이션 배경이 됩니다.

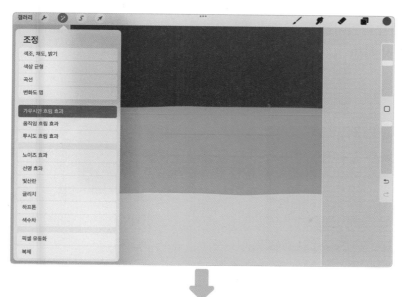

❻ 이 레이어를 '복제'합니다. 하단의 레이어는 '숨김' 합니다.

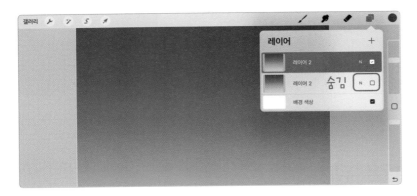

❼ '이동'을 누르고 복제한 레이어를 두 손가락으로 크기를 키우면서 하단으로 내려줍니다. (캔버스 크기를 줄여서 하면 크기 조정을 더 쉽게 할 수 있습니다.)

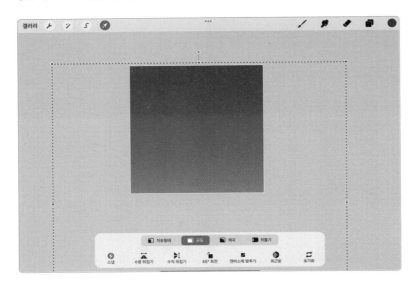

❽ 노을 지는 밤하늘 느낌이 나는 배경이 됩니다.

❾ 레이어를 추가하고 색을 흰색으로 바꾸고 달과 별을 그려줍니다.

❿ 레이어를 추가하고 '빛 팔레트'에서 '라이트 펜' 브러시를 선택합니다.

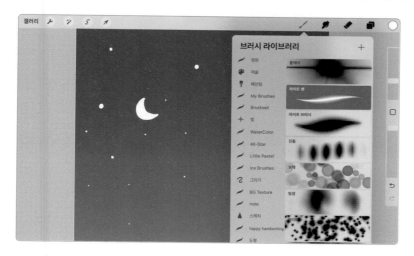

⓫ 달과 별의 테두리에 '라이트 펜' 브러시로 그려주면 빛나는 효과가 납니다.

다양한 그러데이션 배경 만들기

그러데이션 배경은 아주 쉬운 배경 만들기입니다.
좋아하는 색으로 다양한 그러데이션 배경을 만들어 봅니다.

응용 1 - 회전으로 대각선 그러데이션 만들기

'이동'을 누르고 그러데이션을 45도 회전하면 대각선 그러데이션을 만들 수 있습니다.

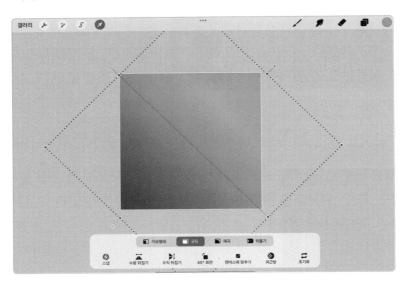

응용 2 - 불투명도 조절해서 파스텔 톤 그러데이션 만들기

불투명도를 낮추어 주면 파스텔톤의 부드러운 배경 화면으르 만들 수 있습니다.

그러데이션 배경으로 만들기 좋은 아이템이 스마트폰 배경 화면입니다.

짧은 문장 하나만으로도 배경 화면을 완성할 수 있습니다.

밤 배경 만들기 – 문지르기 활용하기

❶ 캔버스를 새로 만들고, 스케치북 배경지를 가져옵니다.

❷ 브러시, 브러시 크기, 색상을 선택합니다.

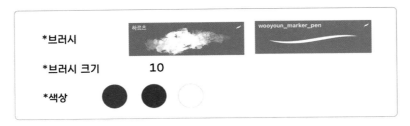

❸ 색상에 가서 파랑과 분홍 사이 보라 쪽에 애플펜슬을 갖다 댑니다. 여기서 좀 더 검은색
쪽으로 가까운 보라색을 선택합니다.

❹ 레이어를 추가하고, '하르츠' 브러시로 위에서 살살 그리면서 내려옵니다. 그리다 보면 질감이 느껴질 겁니다. 색칠하면서 천천히 그립니다. 캔버스의 반을 조금 넘게 그렸을 때 색을 바꾸어 줍니다.

❺ 이번에는 색상에서 파란색에서 검은색으로 가까운 진한 파랑을 선택합니다.

❻ 나머지를 채우면서 내려옵니다. 너무 덧칠해서 빼곡하게 채우지 않아도 됩니다.

❼ 메뉴 중에 '문지르기'를 선택합니다.

❽ '문지르기'도 브러시를 선택할 수 있으며, '페인팅' 브러시에 '구아슈' 브러시를 선택합니다.

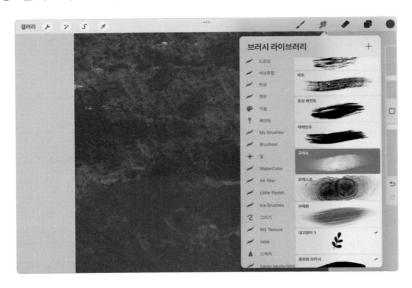

❾ 가운데부터 천천히 '문지르기' 합니다. 색이 자연스럽게
   어우러지게 됩니다.

❿ 스케치북 배경지 레이어를 그림 위로 올려줍니다.

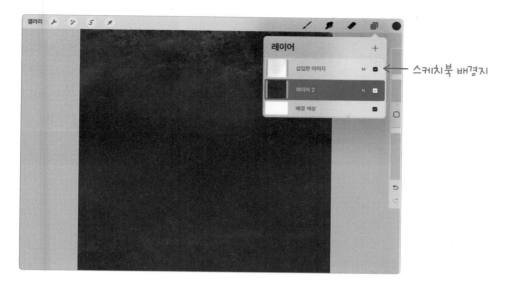

⓫ 레이어의 N을 눌러 목록에서 '곱하기'를 선택합니다. 그림 위로 스케치북 질감이 올라옵니다.

여기서 잠깐!

스케치북 배경지를 가져와서 작업할 때는 스케치북 배경지 레이어는 맨 위로 올리고 레이어의 'N'을 눌러 목록에서 '곱하기(M)'로 설정합니다. 배경지 효과가 올라와서 마치 스케치북에 그린 듯한 효과를 낼 수 있습니다.

⓬ 레이어를 추가하고, 'wooyoun_marker_pen' 브러시로 동그란 달과 별을 그립니다. '빛' 브러시를 활용해 반짝이는 효과도 추가합니다.

나무가 있는 배경

❶ 캔버스를 새로 만들고, 스케치북 배경지를 가져옵니다. 레이어를 추가합니다. 브러시, 브러시 크기, 색상을 선택합니다.

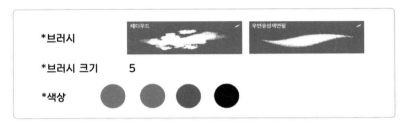

❷ 스케치북 배경지 레이어는 맨 위로 올려주고 레이어의 N을 눌러 목록에서 '곱하기'를 선택합니다.

❸ 레이어를 추가하고 녹색 중에서 가장 연한 색을 선택하고 브러시는 '레더우드'를 선택합니다. 브러시 크기는 5로 합니다. 캔버스 맨 아래에 왼쪽에서 오른쪽으로 잔디를 천천히 그립니다.

❹ 브러시 크기를 2로 줄여서 위쪽 잔디를 그려줍니다.

❺ 레이어를 추가하고 브러시는 '우연유성색연필'로, 색상은 갈색을 선택하고 브러시 크기는 5로 합니다. 나무 기둥 세 개를 그려줍니다. 높이를 조금씩 다르게 그려주어야 자연스럽습니다. 가운데 나무는 가지가 보이는 나무로 그려봤습니다.

❻ 레이어를 추가하고 '하르츠' 브러시로 나뭇잎을 그려줍니다. 여러 초록색을 하나씩 선택해서 나뭇잎을 그려줍니다.

❼ 레이어를 추가하고 하늘색으로 구름 세 개를 그려줍니다.

❽ 구름 하나는 좀 멀리 있는 구름처럼 보이도록 연하게 표현해 주려고 합니다. '선택'에서 올가미로 구름을 선택하고, 세 손가락을 쓸어내린 후 '자르기 및 붙여넣기'를 합니다. 레이어에서 불투명도를 낮추어 줍니다.

레이어 나누어 그리기

그림을 그릴 때 각 부분을 레이어로 나누어 그리면 다양하게 활용하기가 좋습니다.

아래 레이어의 나무가 뒤쪽의 나무로 표현되고, 위쪽 레이어의 나무가 앞쪽에 표현됩니다.

앞, 뒤를 바꾸고 싶다면 레이어 위치를 조정해 주면 됩니다. 또한 색을 바꾸고 싶다거나 다른 캔버스에 풀밭

만 가져가고 싶다거나 할 때에도 레이어를 나누어서 그리면 다양하게 활용하기 편합니다.

꽃밭이 있는 풍경 – 복제 활용하기

❶ 캔버스를 새로 만들고, 스케치북 배경지를 가져옵니다. 레이어를 추가합니다. 스케치북 배
경지 레이어는 맨 위로 올려주고 레이어의 N을 눌러 목록에서 '곱하기'를 선택합니다.

❷ 브러시, 브러시 크기, 색상을 선택합니다.

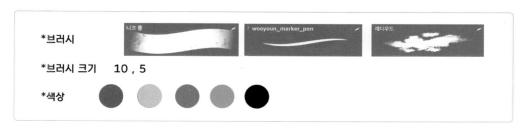

❸ 레이어를 추가하고 '니코 룰' 브러시로 진한 녹색을 선택하고, 아래를 밀어가면서 색을 칠해 줍니다. 질감이 보이도록 색을 칠해야 자연스럽습니다.

❹ 레이어를 추가하고 'wooyoun_marker_pen' 브러시로 분홍색을 선택하고 꽃을 그립니다. 잔잔한 꽃 느낌으로 들판 여기저기에 그려줍니다. 꽃잎이 두 세개인 꽃들과 아직 덜 핀듯하게 동그랗게도 그려줍니다.

❺ 레이어를 추가하고 연한 녹색으로 줄기와 잎을 그려줍니다.

❻ 꽃과 줄기가 있는 레이어를 복제합니다.

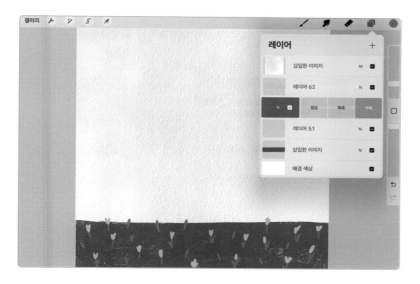

❼ 복제한 두 레이어를 병합하기 위해 위의 레이어를 누르고 '아래 레이어와 병합'을 합니다
(두 레이어를 손가락을 대고 꼬집기 제스처를 해도 병합이 됩니다).

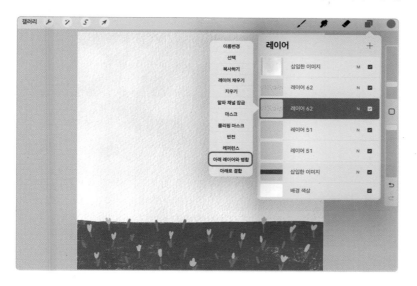

❽ 병합한 레이어를 복제합니다.

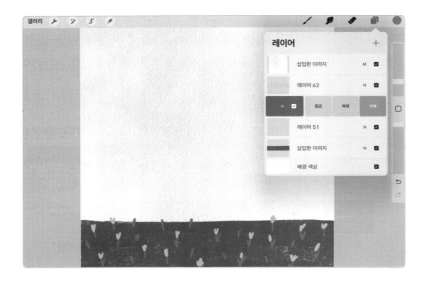

❾ 두 세번 복제한 후 이동을 눌러서 위, 아래 옆쪽으로 자연스럽게 배치합니다.

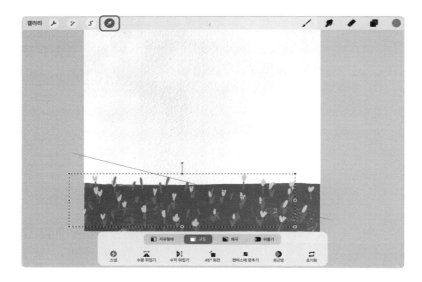

❿ 여러 번 복제해서 비어 있는 쪽으로 배치할수록 자연스럽습니다. 캔버스를 두 손가락으로 줄여서 배치하면 더 편합니다.

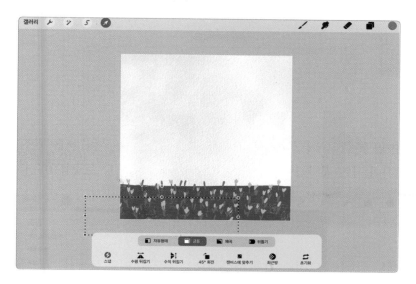

⓫ 총 다섯 번을 복제해서 배치합니다.

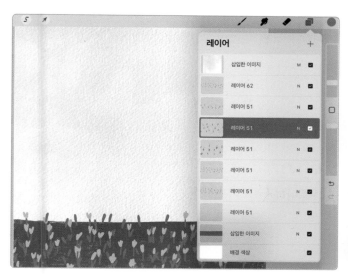 

⓬ 레이어를 추가하고 '레더우드' 브러시로 하늘색을 선택하고 구름 세 개를 그립니다. 구름 하나 정도는 불투명도를 조절해서 색을 다르게 합니다.

※ 구름 불투명도 설정 → 선택 → 올가미 → 자르기 및 붙여넣기 → 레이어 N을 누르고 → 불투명도 조절

⓭ 레이어를 추가하고 새도 한 마리 그려줍니다. 파란색으로 새의 머리와 몸통을 그려줍니다.

⓮ 검은색으로 눈, 부리, 다리를 그려줍니다.

색상 추가

❶ '추가 색상표' 이미지를 다운받아 프로크리에이트에 가져옵니다. 하나씩 '색 추출'을 합니다.

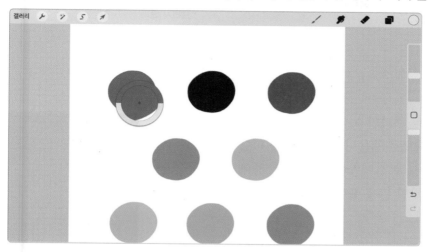

❷ 'happy_handwriting' 팔레트 빈칸에 추출한 색들을 하나씩 추가합니다.

❸ 색상이 팔레트에 모두 추가됩니다.

눈이 오는 풍경 – 복제 활용하기

❶ 캔버스를 새로 만들고, 브러시, 브러시 크 기, 색상을 선택합니다.

*브러시	레디우드
*브러시 크기	3
*색상	

❷ 색 추출로 새로 추가한 녹색을 선택합니다. 컬러 드롭해서 캔버스를 녹색으로 채웁니다. 레이어를 하나 추가하고 '레 더우드' 브러시를 선택합니다. 팔레트 중에서 가장 연한 색으로 땅에 쌓인 눈을 표현하려고 합니다. 천천히 바닥의 눈을 그립니다.

❸ 레이어를 추가하고 내리는 눈을 그립니다. 여기저기 자연 스럽게 그려줍니다. 힘을 빼고 작은 눈송이도 그리고 큰 눈송이도 그립니다.

❹ 그린 눈을 복제해서 캔버스 여기저기로 이동하여 배치합니 다. 복제 후 투명도를 조절하면 더 자연스럽습니다. 여러 번 복제할수록 많이 내리는 눈을 표현할 수 있습니다.

　※ 레이어 복제 → 레이어 N을 누르고 → 불투명도 조절 → 이동 눌 러 위치 변경

그리고 싶은 사진을 프로크리에이트에 불러와서 따라 그리는 방법

❶ 캔버스를 새로 만들고, 내가 찍은 사진 중에 그리고 싶은 사진을 가져옵니다.

　　※ 동작 → 사진 삽입하기

❷ 사진의 불투명도를 낮추어 줍니다(30 정도).

❸ 그 위에 레이어를 추가하고 사진을 따라 그림을 그대로 그려줍니다(매우 중요, 사진에 바로 그리면 안 됩니다!).

❹ 'wooyoun_marker_pen' 브러시 3 크기로 그렸습니다. 사진 레이어를 '숨김'을 누르면 내가 그린 그림만 남습니다.

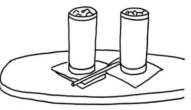

❺ 'wooyoun_marker_pen' 브러시로 색을 칠해 줍니다. 색을 칠할 때는 선을 딴 그림 아래로 레이어를 추가하여 칠합니다. 진한 갈색, 연한 갈색을 위아래로 색칠하고 가운데를 '문지르기'를 하면 자연스러운 커피 그림이 됩니다.

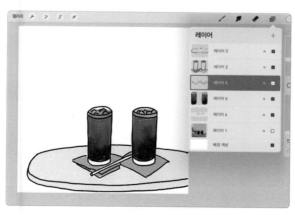

❻ 색을 다 칠했다면 스케치북 배경지를 불러와서 맨 위로 올리고 '곱하기'를 선택합니다. 아래 그림들을 모두 슬라이드해서 선택 후 맨 위에 '그룹'을 눌러줍니다.

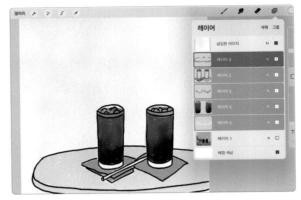

❼ '새로운 그룹'으로 묶였습니다.

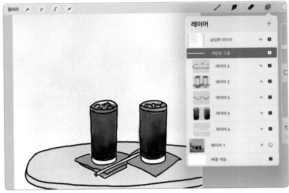

❽ '새로운 그룹'의 아래 꺾쇠 모양을 누르면 '묶음'처리가 됩니다.

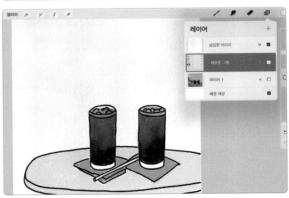

❾ 묶음 처리된 '새로운 그룹'을 눌러서 '복제'를 해줍니다. 똑같은 그룹이 2개 생겼습니다.

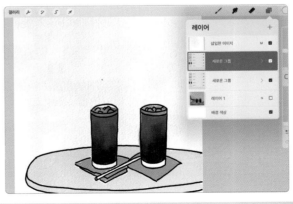

⓾ 아래 원본 '새로운 그룹'은 '숨김' 해주
고 위의 복제한 '새로운 그룹'을 눌러서
'병합'을 선택합니다.

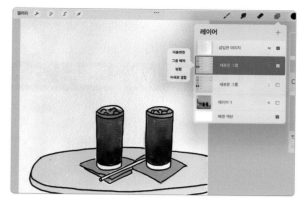

⓫ 하나로 '병합'된 '새로운 그룹'은 하나
의 그림이 되었고, 위치나 크기 조절이
가능합니다. '이동'을 눌러서 적절한 위
치로 이동하고 크기도 변경해 줍니다.

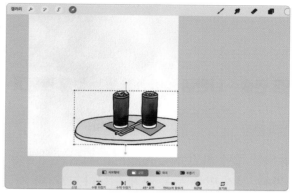

⓬ 간단한 선으로 테이블을 그리고, 글씨
도 써 줍니다.

이렇게 사진의 선을 따라 그림 그리기는 처음에 그림 연습할 때 많은 도움이 됩니다. 단계가 복잡해
보일 수 있으나 몇 번 천천히 따라 해 보면 금방 익숙해질 겁니다. 다양한 사진으로 연습해 봅니다.

04 : 손글씨와 드로잉으로 작품 만들기

1. 문장 연습 – 나만의 이야기가 있는 문장 만들기

나만의 문장

손글씨를 쓰다 보면 처음에는 다른 사람들의 문장 즉, 유명한 시나 에세이 등의 좋은 문장들, 노래 가사, 성경 말씀 등을 쓰게 됩니다. 그러나 지금부터는 나만의 '문장 만들기'를 해 보려고 합니다. 작가도 아닌데 '문장 만들기'라고 하면 처음에는 당황스러울 수 있습니다. 그런데 나만의 문장이라고 해서 거창한 것은 아닙니다. 친구에게, 연인에게, 가족에게 그리고 나에게 하고 싶은 말을 글로 쓰는 것부터 시작하면 됩니다. 내 마음에서 나온 말이 곧 문장이 되는 겁니다. 처음에는 어색할 수 있습니다. 그런데 계속 연습하고 쓰다 보면 자연스러워집니다. 좋은 글은 생각보다 어려운 글이 아니고 쉬운 글입니다.

왜 나만의 문장일까요?

필자도 처음에는 다른 사람들의 문장을 썼습니다. 그런데 나만의 작품을 만들고 싶다고 생각하게 되었습니다. 그림도 나의 그림이고 글씨도 나의 글씨인데 글도 나의 글이 되고 싶었습니다.

나만의 글과 함께 썼을 때 온전히 나의 작품이 됩니다.

'저작권'이라고 들어보셨을 텐데 다른 사람의 글을 옮겨적을 때는 출처를 반드시 표기해야만 합니다. 특히 공개 계정으로 SNS를 하거나 작업물을 만들어서 판매하거나 할 때는 더 신중해야 합니다. 나의 문장으로 작업하면 그런 걱정을 할 필요가 없습니다. 나의 문장을 만들어보는 몇 가지 팁을 알려드립니다.

굿 노트에서 써도 되고 굿 노트 앱이 없으면 그냥 프로크리에이트앱에서 써도 됩니다.
또는 그냥 출력해서 펜으로 써도 됩니다. 이 문장 노트는 여럿 용도로 사용할 수 있습니다.

나만의 문장

<나만의 문장만들기>

예시) 오늘 나에게 해주고 싶은 말은?   괜찮아 잘했어. 오늘도 해냈다! , 느리지만 괜찮아~

예시) 친구에게 전하는 안부는?   보고싶다 친구야, 잘 지내니 내 친구. 너가 웃으면 좋겠어

예시) 연인에게 하고 싶은 말?   내 곁에 있어주어 고마워, 바다보러가자 나랑 손잡고.

좋은 문장 수집

　문장을 수집하는 것은 좋은 방법입니다. 좋은 문장을 수집해서 나의 문장으로 바꾸는 연습을
해 봅니다. 예를 들어, '꿈을 이루느니 어쩌니 하지만, 하루하루는 정말 소박하게 지나간다.'라는 문장은
'요시모토 바나나'의 작품 '바다의 뚜껑'을 읽고는 '별일 없는 하루에 감사하는 날'이라는 의미
로 쓴 것입니다. 소박한 하루하루가 얼마나 감사한지 생각하면서 써 본 문장입니다. 문장을 읽
고 내 생각을 적어본다면 나의 문장이 되는 것입니다.

한두 줄 일기 쓰기

일기 쓰듯 한 문장씩 쓰는 것도 좋은 방법입니다. 내가 오늘 나에게 하고 싶은 말을 담백하게 한 두 줄 쓰다 보면 나만의 문장이 생깁니다. 예를 들어, '걱정스러운 문제들이 몇 개 있어서 남편에게 얘기했더니 얘기를 천천히 듣고 있던 남편은 내게 이렇게 얘기해 주었다. "괜찮아 잘 될 거야" 너무 뻔한 말인데 그 말을 들으니 정말 괜찮아졌다'라는 일기를 쓰고 나의 문장을 이렇게 완성해 봤습니다. '당신이 괜찮다고 하니 괜찮아진다.'

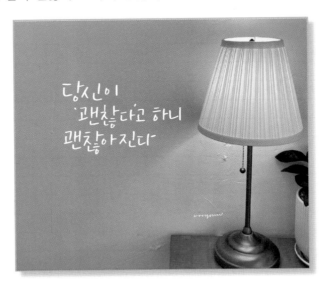

해 주고 싶은 말을 글로 쓰기

가족, 친구에게 하고 싶은 말을 편지 쓰듯이 글로 써 보는 것도 좋습니다. 명절 봉투 써 드리는 행사에서 어떤 분이 말씀하신 문구가 인상 깊었습니다.

'엄마의 딸이어서 행복해요', '하나뿐인 우리 엄마 사랑해요' 쉬운 말 같지만 감동이 되는 말입니다. 본인이 부모이면 아들이나 딸에게 하고 싶은 말을 적을 수도 있습니다. 이런 식으로 스스로 질문을 던지고 적어 보면 나만의 문장들을 만들어갈 수 있습니다.

예시를 더 알려드리면, 필자의 남편은 예쁜 풍경을 보거나 맛있는 곳을 찾게 되면 다음에 꼭 데려갑니다. 왜 데려갈까요? 예쁜 풍경을 봤을 때 제가 생각난 거겠죠. 그래서 필자가 쓴 문장은 '예쁜 걸 보니 당신 생각이 났어요'입니다. 이런 식으로 여러분들만의 이야기가 있는 문장을 만들어 봅니다.

2. 깔끔한 콘텐츠 만드는 팁

요즘은 정말 많은 크리에이터들이 활동하고 있습니다. 손글씨, 캘리그라피하는 분들도 많습니다. 각자 다양한 색깔을 가지고 작업을 합니다. 필자의 경우는 깔끔하고 심플한 디자인을 선호합니다. 우선 글씨가 메인이고 그림이 서브이다 보니까 그림을 그렇게 많이 그리거나 잘 그리지는 않습니다. 심플하지만 한 눈에 들어오고 많은 의미를 전달하는 콘텐츠를 만들려고 합니다. 그렇게 표현하기 위해 몇 가지를 알려드리려고 합니다.

많이 담으려고 하지 않습니다.

글씨도 그림도 과한 것은 모자란 것만 못합니다. 프로크리에이트를 처음 접하면 많은 브러시와 컬러가 있어서 다양한 작업이 가능합니다. 많은 것을 써 보고 나에게 어울리는 것을 몇 개 고르면 됩니다. 가능한 브러시나 컬러도 나만의 것을 조금씩 만들어 가는 게 좋습니다. 그래서 나의 인스타그램 피드를 보았을 때 일관성 있는 나만의 컬러 톤이 보이는 게 좋습니다.

글씨나 그림의 구도를 가능한 가운데 정렬로 만듭니다.

구도는 왼쪽, 오른쪽, 지그재그 등 다양한 방법으로 할 수 있습니다. 일반적으로는 그림이나 글씨가 가운데 오는 구도가 가장 안정적이고 편안합니다. 물론 다양한 구도도 시도해 보면 좋습니다. 그러나 처음에는 쉽고 편안한 가운데 정렬을 활용해서 만들면 작업도 편하고 작업물을 보는 분들도 편안하게 느낍니다.

캔버스에서 글씨나 그림이 차지하는 비율을 크게 하지 않습니다.

특히 글씨는 너무 큰 크기가 아닌 적정한 크기가 좋습니다. 저는 오히려 좀 더 작게 쓰는 편입니다. 그림에 따라 느낌에 따라 글씨 크기는 달라지겠지만, 너무 큰 글씨는 부담스러울 수 있습니다.

그림도 글씨도 가독성이 좋아야 합니다.

여러분들 중에 파스텔 색감을 좋아하시는 분들도 있습니다. 그런 색감을 섞어서 사용하는 것은 좋은데 글씨도 그림도 그렇게 애매한 컬러를 쓰게 되면 그림이나 글씨가 도드라져 보이지 않습니다. 그림에 파스텔 색감을 넣었다면 글씨는 좀 선명한 컬러로 넣어서 가독성이 좋게 만들어 줍니다. 심플하고 간결한 작품일수록 눈에 딱 들어오는 색감이 훨씬 예쁩니다.

간결한 디자인, 일관성 있는 컬러, 가운데 정렬, 너무 크지 않은 글씨 크기, 가독성 좋은 색감 등 깔끔한 작품을 만드는 요소들을 알려드렸습니다. 물론, 이건 필자가 디자인을 만드는 팁이기 때문에 다른 분들의 경우는 다를 수 있습니다. 필자의 팁을 참고하시고 다른 분들의 디자인도 참고하여 본인만의 디자인을 만들어가는 것을 추천합니다.

3. 행복한 일상의 문장 손글씨와 드로잉

구름과 손글씨 – '마음만은 맑음'

행복한 일상을 만들어가는 작품들을 만들어 보려고 합니다. **STEP 1**에서 소개한 '아트셋(Art set)'앱을 활용해 봅니다. 아직 앱을 설치하지 않았다면 앱스토어에서 'Art set 4' 앱을 검색해서 설치합니다. 구름을 하나 그려서 프로크리에이트 캔버스에 가져오는 작업을 해보기로 합니다.

❶ 캔버스를 새로 만들고, 스케치북 배경지를 가져옵니다. 레이어를 추가합니다. 스케치북 배경지 레이어는 맨 위로 올리고, 레이어의 N을 눌러 목록에서 '곱하기'를 선택합니다.

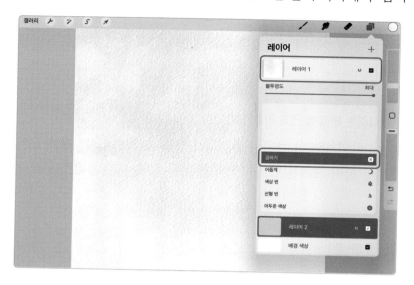

❷ '아트셋' 앱을 열어줍니다.

❸ 하단에 ➕를 누르면 페이퍼 종류가 나옵니다. 맨 하단의 'Transparent'(투명)을 선택합니다.

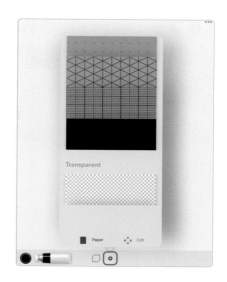

❹ 캔버스가 투명으로 바뀝니다.

여기서 잠깐!

옆의 '⬜' 네모 도형을 활성화하면 도형으로 그려지니 설정하지 않습니다.

❺ 바로 옆을 누르면 브러시 종류가 나옵니다. 두 번째에 있는 유성 물감을 선택합니다.

❻ 그 옆의 동그라미는 컬러입니다. 누르면 여러 색이
나오고, 'Blue'에서 가장 연한 하늘색을 선택합니다.

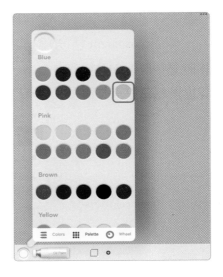

❼ 몽글몽글한 느낌으로 구름을 그려줍니다. 많이 터치할수록 질감이 살아납니다.

❽ 색을 흰색으로 바꿔주고 밑에 살짝만 조금 더 그려줍니다.

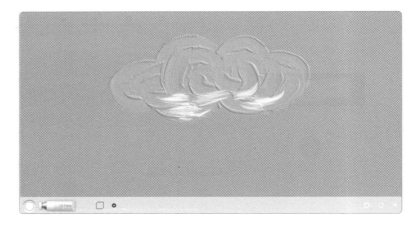

❾ 오른쪽 하단의 아래 방향 화살표를 누릅니다.

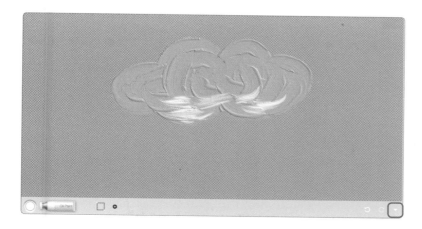

❿ 화살표를 누르고 '공유 박스( )' 누르고 'Copy'를 선택합니다.

여기서 잠깐!

아트셋 브러시 크기 변경은 유료 버전에서만 가능합니다.

⓫ 프로크리에이트의 만들어 둔 캔버스로 가서 세 손가락을 쓸어내린 후 '붙여넣기'를 합니다.

⓬ 레이어를 추가하고 '마음만은 맑음'이라는 문장을 'wooyoun' 브러시, 검은색으로 씁니다.

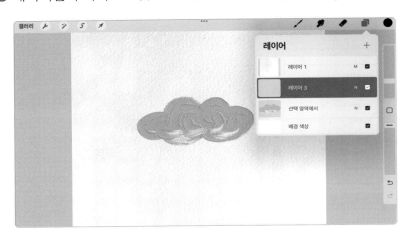

⓭ '마음' 단어는 연습할 때 써 본 단어입니다. 글자의 리듬을 기억하며 씁니다. 귀여운 느낌이 나도록 'ㅁ'을 둥글려서 써 보았습니다. 구름과 글씨를 가운데 정렬합니다.

❶❹ 서명은 구름과 같은 색으로 하기 위해 구름에서 색 추출을 합니다. 레이어를 추가하고 서명(Signature) 브러시로 서명을 합니다.

❶❺ 아트셋 앱에서 그림을 그리고 프로크리에이트에서 글씨를 써서 만들어 보았습니다. 심플하지만 깔끔한 작품을 완성했습니다.

사진 위에 그림 그리기 – '잘하고 있어요 당신'

이번에는 앞에서 작업한 작업물에 그림을 추가해 보는 작업을 해 보겠습니다. 이미 그린 그림을 복사해서 가져오거나 사진 위에 그림을 그려보는 것도 디지털 캘리그라피의 묘미입니다.

❶ 캔버스를 새로 만들고, 브러시, 브러시 크기, 색상을 선택합니다.

❷ 분홍색 커피잔을 복사해서 작업한 '카페' 사진 캔버스로 가져가려고 합니다.

❸ 레이어를 나누어 그렸다면 애플펜슬이나 손가락으로 커피잔 그림을 오른쪽으로 슬라이드 해서 선택하고 '그룹'을 누릅니다.

❹ 새로운 그룹이 만들어집니다.

❺ 만들어진 새로운 그룹을 '복제'합니다.

❻ 복제된 새로운 그룹을 '병합'합니다.

❼ 병합이 된 그림을 복사합니다. 이 과정이 복잡해 보일 수 있으나 그림은 레이어를 나누어 그리는 게 훨씬 좋습니다. 그리고 반복하다 보면 이 과정도 수월해집니다.

❽ '카페' 사진 캔버스에서 세 손가락을 쓸어내린 후 '붙여넣기'를 합니다.

❾ '이동'을 눌러 커피잔을 선택하여 크기를 조절하고, 테이블 위로 이동해 줍니다.

❿ 그 옆에 꽃병을 그려보려고 합니다. 레이어를 추가합니다.

⓫ '우연유성색연필' 브러시로 꽃병을 그리고, 노란 꽃 한 송이도 그려줍니다. 줄기와 잎도 그립니다.

⓬ 작은 그림을 그릴 때는 두 손가락으로 캔버스 크기를 키우고 그리면 수월합니다.

⓭ 서명을 합니다. 글씨만 있을 때는 글씨 아래 서명이 자연스럽지만, 그림이 있는 경우 그림 아래에 배치하면 그림과 함께 어울립니다.

커피잔과 손글씨 – '당신의 일상이 행복한 오월이길'

커피잔 그림에 글씨를 써서 완성해 봅니다.

❶ 브러시, 브러시 크기, 색상을 선택합니다.

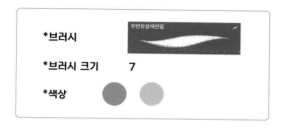

❷ 커피잔을 그린 캔버스에서 레이어를 추가합니다.

❸ '이동'을 누르고 글씨를 쓸 수 있게 커피잔을 이동시킵니다.

❹ '당신의 일상이 행복한 오월이길' 문장을 씁니다. 쓰고
싶은 달을 넣어서 써도 됩니다. '우연유성색연필' 브
러시로 커피 받침의 색과 같은 색으로 씁니다. 브러시
크기는 8입니다. 커피잔의 모양을 따라서 네 줄로 씁
니다.

❺ 좀 더 따뜻한 느낌을 주기 위해 분홍색으로 하트를 그
려서 추가합니다.

❻ 캔버스의 중앙에 오도록 글씨와 그림을 이동시킵니다.

❼ 커피잔, 하트와 같은 색으로 서명을 합니다. 한 캔버스 안에 글씨와 그림을 같은 색으로 통일하면 깔끔한 콘텐츠가 됩니다.

다섯잎 꽃과 손글씨 – '수고했어 오늘도'

드로잉 연습에서 그려봤던 네잎 꽃을 응용해서 다섯잎 꽃을 그려봅니다.

❶ 캔버스를 새로 만들고, 스케치북 배경지 레이어는 맨 위로 올리고, 레이어의 N을 눌러 목록에서 '곱하기'를 선택합니다. 브러시, 브러시 크기, 색상을 선택합니다.

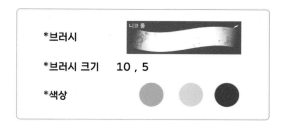

❷ '니코 룰' 브러시로 다섯잎 꽃을 그려줍니다.

❸ 브러시 크기를 낮추고 연한 색을 선택해서 수술을 그려줍
  니다.

❹ 레이어를 추가하고 하단에 '수고했어 오늘도'를 두 줄로
  씁니다. 'wooyoun' 브러시를 선택하고, 브러시 크기는
  7~10 정도로 하면 됩니다.

❺ '이동'을 눌러서 그림과 글씨의 위치를 가운데로 조정해 줍니다.

❻ 레이어를 추가하고 꽃 색깔인 노란색으로 서명을 합니다.

🔁 **독자 Q&A**　　**디지털 캘리그라피를 연습하면 그냥 펜으로 쓸 때도 글씨가 늘까요?**

필자의 경우는 '네'입니다. 물론 저는 붓으로 시작해서 붓펜, 만년필, 딥펜 등 다양하게 써 보다가 디지털 캘리그라피를 시작했습니다. 그 이후로는 디지털 브러시를 훨씬 많이 썼습니다. 가끔가다 엽서 행사를 하거나 붓으로 글씨를 다시 쓰게 되면 글씨와 구도가 훨씬 좋아진 것을 보게 됩니다. 물론 디지털 브러시 글씨 연습을 많이 했기 때문이겠죠. 그래서 디지털 캘리그라피를 잘 하시면 펜으로 글씨 쓸 때도 도움이 됩니다.

4. 사랑의 문장 손글씨와 드로잉

꽃 한송이와 사랑의 문장 – '당신을 사랑합니다'

연인, 친구, 가족에게 사랑을 전하는 문장으로 작품을 만들어 봅니다.

❶ 캔버스를 새로 만들고, 스케치북 배경지 레이어는 맨 위로 올리고, 레이어의 N을 눌러 목록에서 '곱하기'를 선택합니다. 브러시, 브러시 크기, 색상을 선택합니다.

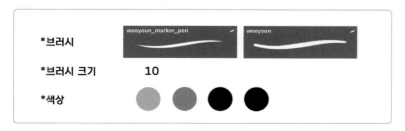

❷ 양귀비꽃은 여러 꽃잎으로 되어 있는데 언뜻 보면 하나
의 동그란 꽃처럼 보입니다. 그 느낌을 담아 길쭉한 동
그라미 형태로 그려줍니다.

❸ 가운데 수술을 그려줍니다. 마찬가지로 작지만 약간 길쭉
한 동그라미로 그립니다.

❹ 진한 녹색으로 줄기를 그려줍니다.

❺ 레이어를 추가하고 문장 연습 때 한 줄로 써 본 '당신을 사
랑합니다' 문장을 두 줄로 씁니다. '을'은 조사이지만 문장
의 리듬을 주기 위해 길이 변형을 주고, '다'의 'ㅏ'는 끝나
는 글자여서 가로 길이 변형을 줍니다.

❻ 레이어를 추가하고 꽃과 같은 색으로 서명을 합니다.

웃는 얼굴과 문장 – '날씨가 좋고요 당신도 좋아요'

❶ 캔버스를 새로 만들고, 스케치북 배경지를 가져옵니다. 레이어를 추가합니다. 스케치북 배경지 레이어는 맨 위로 올리고, 레이어의 N을 눌러 목록에서 '곱하기'를 선택합니다. 브러시, 브러시 크기, 색상을 선택합니다.

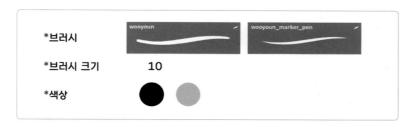

❷ 이번에는 글씨를 먼저 씁니다. 'wooyoun' 브러시로 '날씨가 좋고요, 당신도 좋아요'를 두 줄로 구성해서 씁니다. 문장 연습 때 실습한 문장의 리듬을 잘 기억하면서 씁니다.

❸ 레이어를 추가하고 문장 하단 오른쪽에 얼굴을 그립니다. 'wooyoun_marker_pen' 브러시로 동그랗게 얼굴, 눈, 입을 그립니다.

❹ 얼굴을 입체적으로 표현하기 위해 얼굴 그림 레이어를 복제합니다. 아래 레이어를 두 손가락으로 오른쪽으로 슬라이드 해서 '알파 채널 잠금'을 합니다.

❺ 연갈색을 선택하고 '레이어 채우기' 합니다. 다시 두 손가락 오른쪽으로 슬라이드해서 '알파 채널 잠금'을 해제합니다.

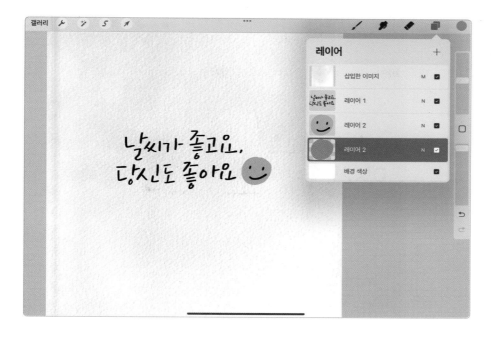

❻ '조정'에서 '가우시안 흐림 효과' 10% 정도를 줍니다.

❼ '이동'을 누른 상태에서 손가락이나 애플펜슬로 아래를 톡톡 눌러서 살짝 동남쪽 방향으로 내려줍니다.

❽ 불투명도를 40%까지 내려줍니다. 좀 더 자연스러운 입체적 그림이 됩니다.

❾ 레이어를 추가하고 얼굴과 같은 색으로 서명을 합니다.

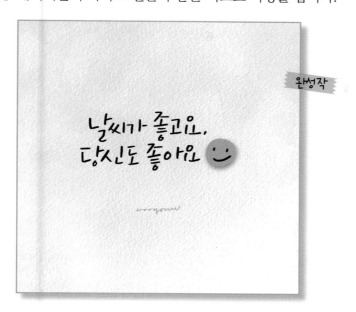

5. 사계절 문장 손글씨와 드로잉

디지털드로잉으로 사계절의 콘텐츠를 만들어 봅니다.

봄 1: 아트 셋으로 그린 벚꽃 – '안녕, 봄!'

❶ 캔버스를 새로 만들고, 스케치북 배경지를 가져옵니다. 레이어를 추가합니다. 스케치북 배경지 레이어는 맨 위로 올리고, 레이어의 N을 눌러 목록에서 '곱하기'를 선택합니다.

❷ 브러시, 브러시 크기, 색상을 선택합니다.

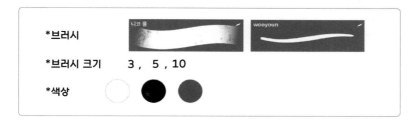

❸ '아트 셋'에서 하단의 ➕ 플러스를 눌러서 맨 하단의 'Transparent'를 선택합니다.

❹ 분홍 아크릴 물감을 선택하고 동글동글한 꽃잎을 다섯 개 그려줍니다. 하단 오른쪽 화살표
를 누릅니다.

❺ '공유 박스(⬆)' 누르고 'Copy'를 선택합니다.

❻ 만들어둔 캔버스로 가져와서 세 손가락을 쓸어내린 후 '붙여넣기'를 합니다.

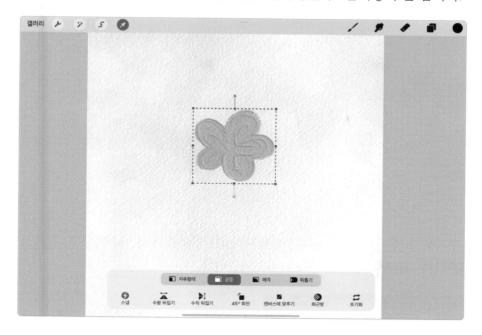

❼ '이동'을 누르고 위치와 크기를 조정합니다.

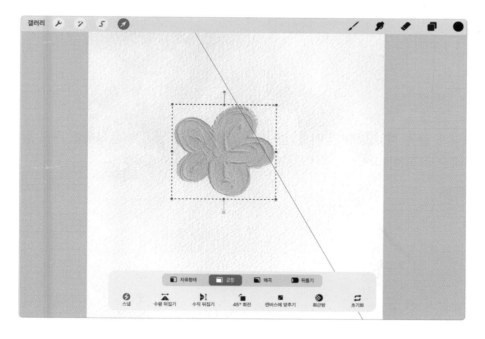

❽ 레이어를 추가하고 브로시는 '니코 룰', 브러시 크기는 3으로 흰색 꽃수술을 그려줍니다.

❾ 레이어를 추가하고 레이어를 맨 아래로 내립니다. 브러시 크기를 5로 키우고, 갈색으로 가지를 그려줍니다. 위에서 아래로 내려오는 가지입니다.

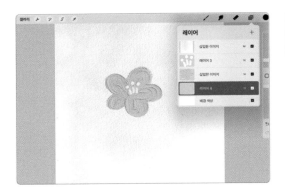

❿ 벚꽃은 이렇게 활짝 펴있을 때 잎이 없습니다. 그래서 마치 잎처럼 글씨를 쓰려고 합니다. 진한 초록색으로 꽃 아래 '안녕, 봄'이라고 레이어를 추가하여 씁니다.

⓫ 레이어를 추가하고 꽃 색깔을 추출해서 서명을 합니다.

봄2: 사진 위에 꽃 그리기 – '이제 피어날 거예요!'

빈가지 위에 피어날 꽃을 상상하며 그려봅니다.

❶ 캔버스를 새로 만들고, '빈가지' 사진을 가져오고 레이어를 추가합니다.

❷ 브러시, 브러시 크기, 색상을 선택합니다.

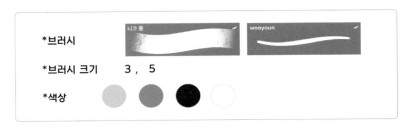

❸ 빈가지 끝에 꽃을 그립니다. 활짝 핀 꽃도 있고 아직 덜 핀 꽃도 있습니다. 저처럼 몇 개의 꽃만 그려도 되고 더 많이 그려도 됩니다.

❹ 녹색을 선택하고 빈가지 여기저기에 잎을 그려줍니다.

❺ 잔디와 구름, 새를 그렸던 캔버스에 가서 새 그림 레이어를 복사해 옵니다.

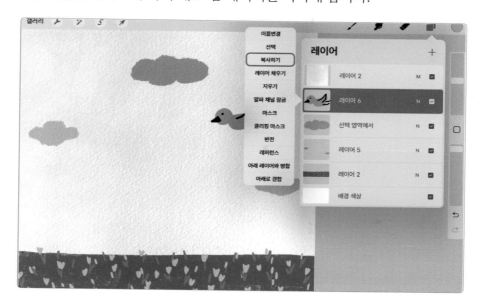

❻ 빈가지 레이어에서 세 손가락을 쓸어내린 후 '붙여넣기'를 합니다. '이동'을 눌러 크기를 조절하고 적당한 위치에 배치합니다.

❼ 레이어를 추가하고 하단에 'wooyoun' 브러시로 '이제 피어날 거예요' 문장을 리듬과 줄 맞춤을 생각하며 씁니다.

❽ 레이어를 추가하고 글씨와 같은 색으로 서명을 합니다.

여름: 짙은 여름 숲 그리기 – 'SUMMER'

숲에서 매미 소리가 들릴 것 같은 한 여름의 짙은 숲과 파란 하늘의 흰 구름을 그려봅니다.

❶ 캔버스를 새로 만들고, 브러시, 브러시 크기, 색상을 선택합니다.

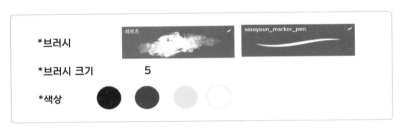

❷ 레이어를 추가하고 '하르츠' 브러시로 하단에 진한 초록 숲을 그려줍니다. 왼쪽에서부터 천천히 숲을 생각하며 그려줍니다. 브러시 크기를 작게 해서 좀 더 섬세하게 그려줍니다.

❸ 레이어를 추가하고 숲 그림 레이어 아래로 내려줍니다.

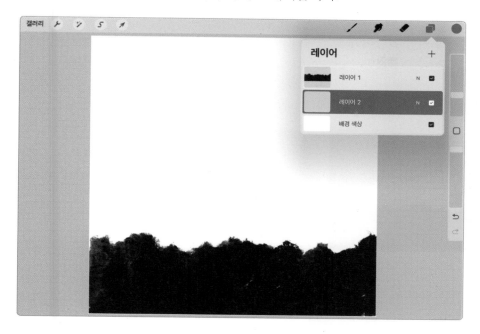

❹ 파란색을 선택하고 '컬러 드롭'으로 색을 채웁니다.

❺ 레이어를 추가하고 하얀색으로 뭉게구름을 그려줍니다.
숲 바로 위로 한여름의 뭉게구름을 생각하며 그려줍니다.

❻ 레이어를 추가하고 'wooyoun_marker_pen' 브러시로 구름 위에 'SUMMER'를 써 줍니다. 영문을 약간 각도를 기울인 모양으로 길쭉한 형태로 씁니다. 크기를 균등하게 써 주고 줄 맞춤도 잘되게 써야 깔끔하게 보입니다.

❼ 레이어를 추가하고 흰색으로 서명을 합니다.

가을: 은행 잎 그리기 – '당신의 날들이 행복하길'

❶ 캔버스를 새로 만들고, 스케치북 배경지를 가져옵니다. 레이어를 추가하고 스케치북 배경지 레이어는 맨 위로 올리고, 레이어의 N을 눌러 목록에서 '곱하기'를 선택합니다. 브러시, 브러시 크기, 색상을 선택합니다.

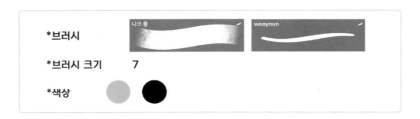

❷ 레이어를 추가하고 은행잎의 반을 먼저 그리고, 나머지 반을 그립니다.

❸ 브러시 크기를 조금 줄이고 줄기를 그려줍니다. 은행잎을 복제해서 캔버스를 채웁니다. 채울 때는 크기나 각도를 변형하면서 채워주어야 자연스럽습니다. 또한 채울 때 글씨 쓸 자리를 생각하면서 채웁니다.

❹ 레이어를 추가하고 빈 공간에 'wooyoun' 브러시로 '당신의 날들이 행복하길' 문장을 씁니다.

❺ 글씨 중에서 '행복'만 은행잎과 같은 색으로 바꾸어 주려고 합니다. '선택'을 누른 상태에서 올가미로 '행복'을 선택하고, 세 손가락을 쓸어내린 후 '자르기 및 붙여넣기'를 합니다.

❻ 잘린 '행복' 글씨 레이어를 슬라이드해서 '알파 채널 잠금'하고, 노란색으로 바꾸어 줍니다. 노란색으로 서명을 합니다.

겨울: 눈 내리는 풍경 그리기 – '모두에게 평안을 축복을'

❶ 캔버스를 새로 만들고, 스케치북 배경지를 가져옵니다. 레이어를 추가합니다. 스케치북 배경지 레이어는 맨 위로 올리고, 레이어의 N을 눌러 목록에서 '곱하기'를 선택합니다. 브러시, 브러시 크기, 색상을 선택합니다.

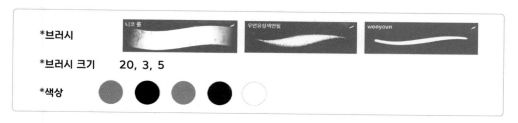

❷ 레이어를 추가하고 '니코 룰' 브러시로 민트색의 배경을 그려줍니다. 위에서부터 천천히 내려오면서 그려줍니다.

❸ 질감이 느껴지도록 배경을 너무 꽉 메우지는 말고 그려줍니다.

❹ 레이어를 추가하고 '레더우드' 브러시로 바닥에 쌓인 눈을 표현해 줍니다. 브러시 크기를 줄일수록 섬세하게 표현하기 좋습니다.

❺ 레이어를 추가하고 '우연색연필' 브러시로 눈 위에 집을
 그리고 연한색으로 집 테두리를 그려줍니다.

❻ 문과 창문도 그려줍니다.

❼ 진한 초록으로 굴뚝을 그립니다. 집도 여러 모양으로 그려
 볼 수 있으니, 자신이 좋아하는 집으로 그려봐도 됩니다.

❽ 레이어를 추가하고 집 옆에 나무를 그립니다. 갈색으로
 기둥을 그리고 녹색으로 나뭇잎을 그려줍니다. 겨울에도
 진한 녹색인 나무들은 상록수라고 합니다. 겨울에 더욱
 짙은 색을 자랑합니다. 나뭇잎은 '하르츠' 브러시로 그려
 줍니다.

❾ 옆에 또 하나의 나무는 겨울나무로 그립니다. 잎의 색이 바랜 나무로 표현해 줍니다.

❿ 레이어를 추가하고 집과 나무 위로 쌓인 눈을 그립니다. 흰색으로 '레더우드' 브러시로 그립니다. 여기저기 자연스럽게 눈을 뿌려줍니다.

⓫ 레이어를 추가하고 눈이 오는 모습을 그립니다. 브러시 압력을 조절하면서 크고 작은 눈송이를 그려줍니다. 그린 눈을 여러 번 복제해서 많은 눈을 표현해 줍니다.

⓬ 레이어를 추가하고 글씨를 씁니다. 글씨 쓸 부분에 지우개로 눈을 조금 지워줍니다. 'wooyoun' 브러시로 '모두에게 축복을 평안을'이라고 씁니다.

⑬ 레이어를 추가하고 나무색으로 서명을 합니다.

6. 감사와 지혜의 문장 손글씨와 드로잉

잠언이나 시편 등은 아름답고 지혜로운 글귀가 많습니다. 감사와 지혜의 문장을 적어봅니다.

심플한 빨간 꽃 – '사랑으로 행하라'

❶ 캔버스를 새로 만들고, 스케치북 배경지를 가져옵니다. 레이어를 추가합니다. 스케치북 배경지 레이어를 맨 위로 올리고, 레이어의 N을 눌러 목록에서 '곱하기'를 선택합니다. 브러시, 브러시 크기, 색상을 선택합니다.

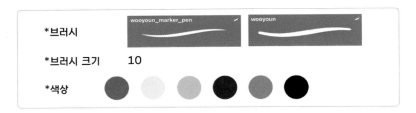

❷ 레이어를 추가하고 'wooyoun_marker_pen'으로 빨간색 꽃을 그립니다. 꽃잎을 세 개 그립니다.

❸ 가운데에 연한 색으로 수술 모양을 그려줍니다.

❹ 노란색으로 바꾸어 수술을 그려줍니다.

❺ 연한 녹색으로 줄기를 비스듬히 그려줍니다.
  잎을 그리고 잎맥도 그려줍니다.

❻ 레이어를 추가하고 오른쪽에 문장을 씁니다. 'wooyoun'
  브러시 검은색으로 '너희 모든 일을 사랑으로 행하라'를
  세 줄로 씁니다. 줄과 줄 사이가 멀어지지 않게 구성해 줍
  니다.

❼ 레이어를 추가하고 잎과 같은 색으로 서명을 합니다.

밤 배경 – '누군가 널 위해 기도하네'

이미 그린 배경지 위에 글씨를 추가해서 완성해 봅니다.

❶ 밤 배경을 그린 캔버스를 열어줍니다.

❷ 브러시, 브러시 크기, 색상을 선택합니다.

❸ 레이어를 추가하고 흰색을 선택한 후 'wooyoun' 브러시로 '누군가 널 위해 기도하네' 문장을 세 줄로 구성해 씁니다. 세 줄로 구성할 때 줄과 줄 사이가 멀어지지 않도록 주의하고, 주인공 글자인 '널'과 '기도'는 더 크게 써 주어도 좋습니다.

❹ 레이어를 추가하고 서명을 합니다.

꽃밭이 있는 풍경 – '사랑은 언제나 온유합니다'

꽃밭을 그린 풍경 캔버스에 문장을 써서 완성해 봅니다.

❶ 꽃밭을 그린 캔버스를 열어줍니다.

❷ 브러시, 브러시 크기, 색상을 선택합니다.

❸ 레이어를 추가하고 'wooyoun' 브러시로 '사랑은 언제나 온유합니다'를 두 줄로 씁니다. 캔버스의 가운데 중심으로 정렬되도록 씁니다.

❹ 새의 크기를 글씨와 어울리게 조정해 줍니다.

❺ 레이어를 추가하고 꽃과 같은 색으로 가운데에 서명을 합니다.

꽃과 잎 – '복있는 사람은 악인의 꾀를 따르지 아니하며'

가장 무난하고 어떤 문구나 어울리는 구도를 구성해 봅니다.

❶ 캔버스를 새로 만들고, 스케치북 배경지를 가져옵니다. 레이어를 추가합니다. 스케치북 배경지 레이어는 맨 위로 올리고, 레이어의 N을 눌러 목록에서 '곱하기'를 선택합니다. 브러시, 브러시 크기, 색상을 선택합니다.

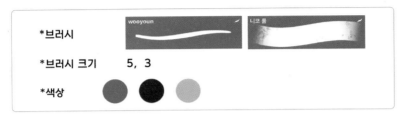

❷ 레이어를 추가하고 'wooyoun' 브러시, 녹색으로 '복있는 사람은 악인의 꾀를 따르지 아니하며'를 씁니다. 쓰고 나서 글씨 위치를 가운데 정렬이 되게 잘 조정해 줍니다.

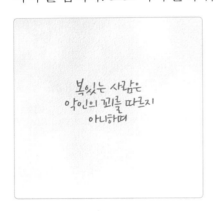

❸ 레이어를 추가하고 문장 주위로 그림을 그립니다. '니코 룰' 브러시, 진한 녹색으로 잎을 총 세 개를 그립니다.

❹ 빈자리에 줄기를 그립니다.

❺ 노란색으로 줄기 위에 동그랗게 꽃을 그립니다. 연한 초록색으로 잎을 추가해 줍니다.

❻ 레이어를 추가하고 글씨와 같은 색으로 서명을 합니다.

구름 – '주님 언제나 내 곁에'

❶ 캔버스를 새로 만들고, 스케치북 배경지를 가져옵니다. 레이어를 추가합니다. 스케치북 배경지 레이어는 맨 위로 올리고, 레이어의 N을 눌러 목록에서 '곱하기'를 선택합니다. 브러시, 브러시 크기, 색상을 선택합니다.

❷ 레이어를 추가하고 '하르츠' 브러시로 구름을 그립니다.

❸ 구름을 복제해서 크기를 줄여서 이동시킵니다.

❹ 한 번 더 복제해서 크기를 줄여서 이동시킵니다.

❺ 레이어를 추가하고 가운데에 글씨를 씁니다. 'wooyoun' 브러시로 '주님 언제나 내 곁에'를 세 줄로 씁니다.

❻ 레이어를 추가하고 구름과 같은 색으로 서명을 합니다.

큰 꽃과 잎 – 긴 문장 쓰기

❶ 캔버스를 새로 만들고, 하늘색을 컬러 드롭해서 색을 채웁니다. 브러시, 브러시 크기, 색상을 선택합니다.

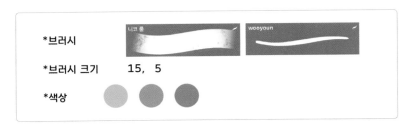

❷ 레이어를 추가하고 네 잎 꽃을 그립니다. 가운데 꽃 수술을 그립니다.

❸ 레이어를 추가하고 녹색으로 잎을 크게 그려줍니다.

❹ 레이어를 추가하고 문장은 'wooyoun' 브러시, 흰색으로 씁니다. 긴 문장을 가운데 정렬로 씁니다. 여러 줄을 쓸 때는 줄과 줄 사이가 벌어지지 않고, 획이 붙지 않도록 유의합니다.

❺ 레이어를 추가하고 잎과 같은 색으로 가운데 서명을 합니다.

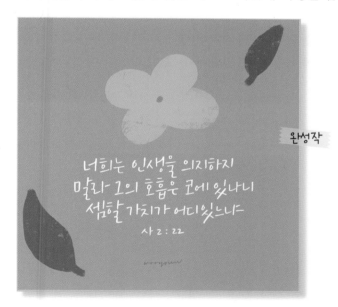

05 : 활용하기 좋은 디지털 굿즈 만들기

1. 드로잉 스티커 제작, 활용하기

　디지털 손글씨와 드로잉은 활용도가 높습니다. 하나의 콘텐츠를 만들었다면 다른 캔버스에
옮겨서 색이나 크기만 바꾸어서 다양하게 응용할 수 있습니다. 또한 다양한 아이템이나 굿즈로
제작하기에도 유용합니다.

스티커처럼 작품에 활용하기

디지털 드로잉한 그림은 다른 캔버스에 옮겨서 활용할 수 있습니다.
예를 들어, 이렇게 그려본 커피잔은 사진에 옮겨서 테이블 위에 올려볼 수 있습니다.

그림을 그릴 때 레이어를 나누어 그리면 색을 변경하거나 레터링을 넣어주는 등의 다양한 변경이 가능합니다. 이것이 레이어를 나누어 그리는 이유입니다.

또한 배경 그림 그릴 때 그렸던 새도 다른 캔버스에 옮겨서 크기나 위치를 조정하여 적절하게 활용할 수 있습니다. 이렇게 그렸던 그림들을 다른 콘텐츠에 스티커처럼 활용할 수 있는 것이 디지털 드로잉의 장점입니다.

스티커 만들기 1

활용도가 높은 다양한 디지털 스티커들을 만들어 봅니다.

❶ 캔버스를 새로 만들고, 'wooyoun' 브러시로 'NEW'를
   테두리 있는 레터링으로 써 봅니다.

❷ 쓴 레터링을 복제합니다. 원본인 아래 레이어는 '숨김'
   하고, 테두리 안의 색을 채워봅니다. 여러분이 좋아하
   는 색으로 채우면 됩니다.

❸ 원본 레이어를 계속 복제하면서 다양한 색으로 만들어
   봅니다.

스티커 만들기 2

❶ 레이어를 추가하고 'wooyoun_marker_pen' 브러시 초록색으로 길쭉한 원형을 그려주고 색을 채웁니다.

❷ 레이어를 추가하고 노랑색으로 'new post'라고 씁니다.

❸ 레이어를 추가하고 new 옆에 얼굴을 그립니다.

❹ 초록 원형 레이어를 복제합니다. 기존에 그린 레이어는 그룹을 만들고 '숨김'합니다. 초록 그림 레이어 위에 레이어를 추가합니다.

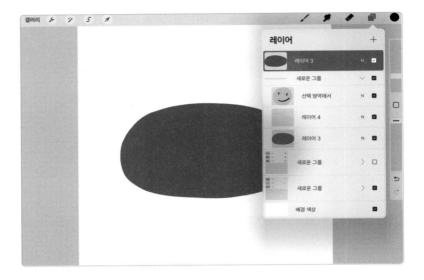

❺ 'wooyoun_marker_pen' 브러시로 'check list'라고 씁니다.

스티커 만들기 3

마스킹 테이프를 만들어 봅니다.

❶ 캔버스를 새로 만들고, 'wooyoun_marker_pen' 브러시로 길쭉한 네모를 그립니다.

❷ 앞 챕터에서 그린 꽃밭을 가져와서 마스킹 테이프로 만들어 보려고 합니다.

❸ 레이어가 나뉘어 있을 겁니다. 오른쪽으로 슬라이해서 그룹화해 주고 복제한 후 꽃밭만 가져옵니다. 원본은 두고 복제한 그림을 병합해서 하나의 레이어로 만들고 복사합니다. 마스킹 테이프에 다시 가서 세 손가락을 쓸어내린 후 '붙여넣기'를 합니다.

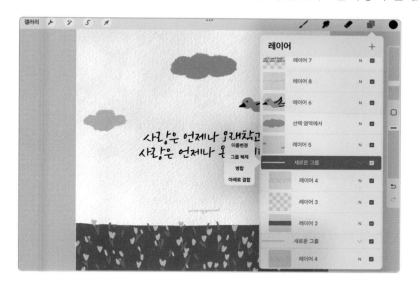

❹ 꽃밭 레이어를 누르고 '클리핑 마스크'를 선택합니다.

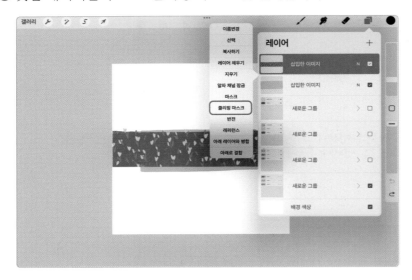

❺ 꽃밭의 크기를 조절해서 마스킹 테이프와 크기를 맞추어 줍니다.

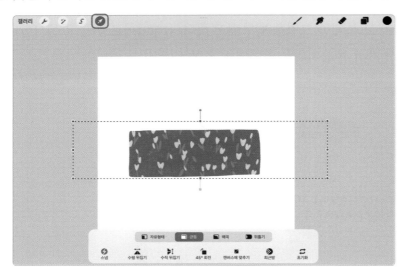

❻ 직접 그린 그림으로 마스킹 테이프를 완성하였습니다.

 **클리핑 마스크**

'클리핑 마스크' 방법으로 직접 그린 그림뿐만 아니라 사진으로도 마스킹 테이프를 만들 수 있습니다.

스티커 만들기 4

마스킹 테이프 스티커를 다른 방법으로도 만들어 봅니다.

❶ 'wooyoun_marker_pen' 브러시로 직사각형을 그립니다. 양쪽 끝 면을 지우개로 조금씩 지워서 마스킹 테이프를 자른 모양으로 만들어 줍니다.

❷ 앞에서 그렸던 꽃을 가져오려고 합니다. 레이어가 나뉘어 있을 테니 오른쪽으로 슬라이드해서 그룹화합니다.

❸ 그룹화를 한 후 복제를 해 주고 복제한 그룹을 병합합니다.

❹ 병합된 레이어를 복사합니다.

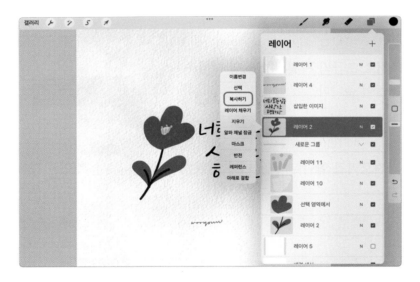

❺ 만들어둔 마스킹 테이프 캔버스에
   가져옵니다.

❻ 크기를 조절해서 마스킹 테이프 안
   으로 들어가게 합니다.

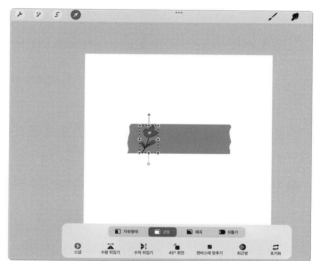

❼ 여러 번 복제해서 마스킹 테이프를
   채웁니다.

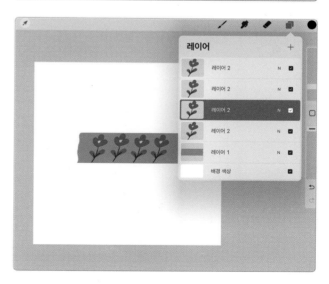

❽ 다양한 마스킹 디지털 스티커를 만들 수 있습니다.

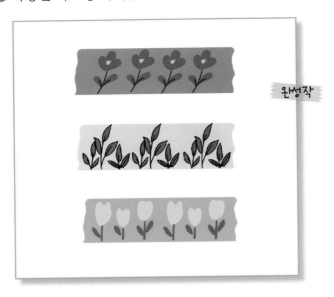

인스타그램 스토리 배경 만들기1

디지털 스티커를 활용한 인스타그램 스토리 배경을 만들어 봅니다.

❶ 캔버스를 새로 만들고, 크기는 1080×1920 픽셀로 설정합니다.

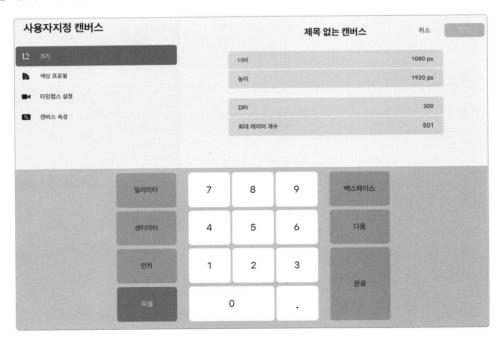

❷ 만든 캔버스 위에 그린 스티커 그림 'new'와 'new post'를 가져옵니다. 상단 하단에 각각 넣어주고 크기를 줄여주고 각도도 살짝 틀어줍니다.

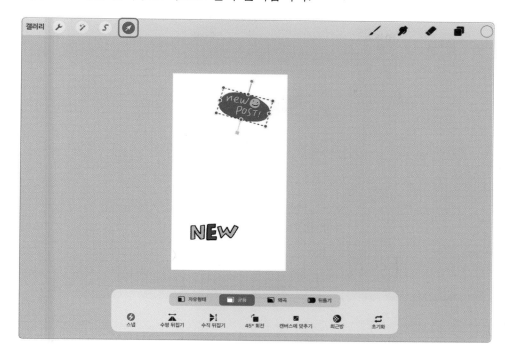

❸ 레이어 맨 하단의 배경 색상을 '숨김'해서 투명 배경으로 만들어 줍니다.

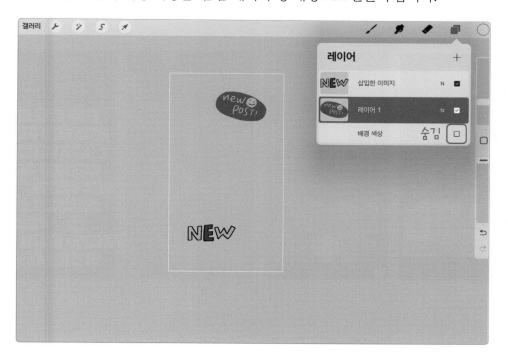

❹ '동작'에서 '공유'를 눌러 PNG를 선택하고 '이미지 저장'을 누릅니다.

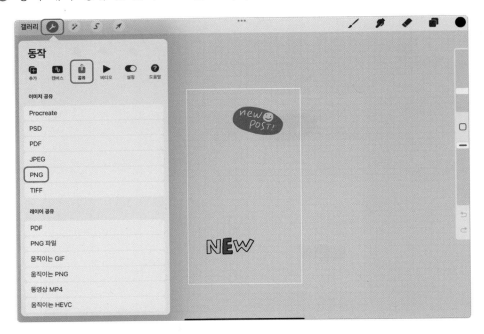

❺ 인스타그램 하단의 ⊕ 아이콘을 누르고 '스토리'를 눌러 ⬜ 아이콘을 선택합니다. 포스팅할 콘텐츠를 선택합니다.

❻ 상단의 😊 아이콘을 누르면 추가할 다양한 메뉴가 나옵니다. 이 중에서 사진(🖼️ 사진)을 선택합니다.

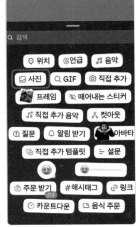

❼ '사진'을 선택하고 갤러리에서 방금 저장한 투명 배경을 선택해서 불러오고, 두 손가락으로 사이즈를 조절해 줍니다.

❽ '공유'를 눌러서 스토리에 올립니다.

인스타그램 스토리 배경 만들기 2

❶ 마스킹 테이프 배경을 투명으로 하고 PNG로 저장합니다.

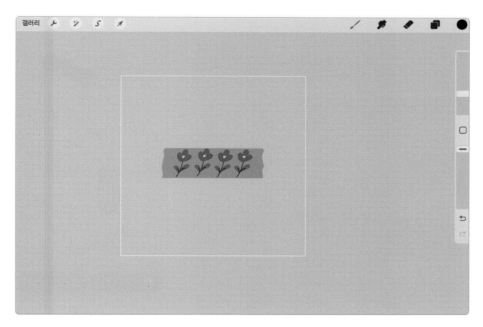

❷ 내 인스타그램 게시물 중에서 스토리에 올린 게시물을 선택하고 하단의 종이 비행기($\triangledown$) 아이콘을 누릅니다. '스토리 추가'를 누릅니다.

❸ 상단의 아이콘을 누르고 사진(사진)아이콘을 눌러 투명 배경으로 저장한 마스킹 테이프를 선택합니다.

 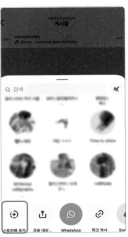  

❹ 두 손가락으로 크기를 줄이고 위치를 조정해서 미니 엽서를 벽에 붙이는 느낌으로 만들어 줍니다.

❺ 하단의 → 아이콘을 눌러서 게시합니다.

굿 노트에서 활용하기

디지털 스티커를 굿 노트(Good note)에서 활용해 봅니다.

❶ 그린 스티커 중에서 'check list'를 복사합니다.

❷ 굿 노트로 가서 꾹 누르고 '붙여넣기'하면 직접 그린 그림을 굿 노트에서 활용할 수 있습니다. 다이어리 꾸미기 하듯이 다이어리나 노트를 꾸며줄 수 있습니다.

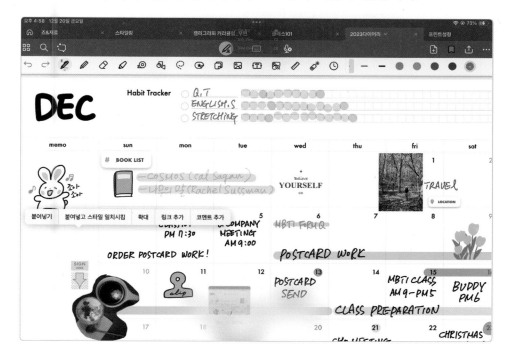

❸ 스플릿 뷰(Spilt View)를 활용하여 바로 옮기기도 가능합니다.

❹ 굿 노트의 스티커로 저장해 놓고 쓸 수도 있습니다. 하나씩 저장해 놓으면 나만의 '스티커 컬렉션'이 만들어 집니다.

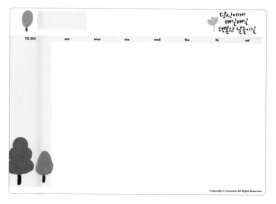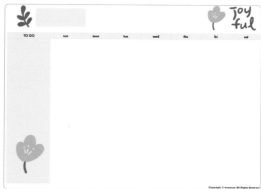

　필자는 다이어리 탬플릿을 아이패드 키노트에서 직접 만드는데, 이 탬플릿을 만들 때도 프로크리에이트에서 만든 디지털 스티커들을 활용합니다. 디지털 스티커의 활용도는 정말 많습니다. 다양하게 활용해 봅니다.

굿 노트 스티커 판매하기

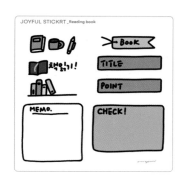

　필자가 굿노트에서 쓰려고 만든 디지털 스티커들은 God people(갓피플) 몰과 스토어팜에서 판매도 하고 있습니다. 갓피플 몰에는 스티커 외에도 글씨 디자인, 드로잉 디자인을 올려두었습니다. 디지털 콘텐츠를 이렇게 다양한 플랫폼을 이용해 판매할 수 있습니다.

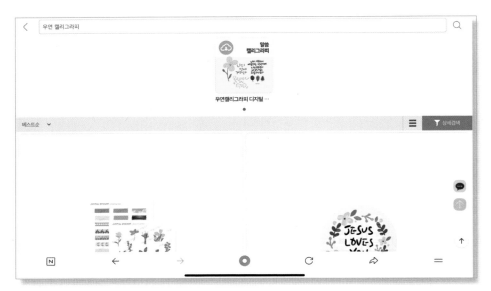

▲ God people(갓피플) mall

실물 스티커로 제작하기

이번에는 디지털 스티커를 실제 스티커로 제작하는 방법을 알아봅니다.

❶ 스티커를 제작할 이미지를 파일함에 저장합니다. 저장할 때 배경지에 작업한 경우 배경지는 '숨김'으로 처리해서 깨끗한 배경으로 저장합니다. 배경이 흰색이어서 밋밋한 경우 어울리는 색을 배경색으로 넣는 것도 좋습니다. 일련번호를 붙여서 저장합니다.

❷ 판 스티커의 배경으로 쓸 정사각의 배경지를 만듭니다. 정사각의 캔버스를 열어서 레이어에 색을 다 채우면 됩니다. 배경지는 가능한 깔끔한 색으로 합니다. 똑같이 파일함에 저장합니다.

❸ 아이패드의 사파리에서 '레드프린팅'을 검색해서 홈페이지를 엽니다. 회원가입을 하고 로그인을 한 후 디지털 인쇄에서 스티커를 선택합니다.

여기서 잠깐!

웹사이트 메뉴는 해당 웹사이트 운영에 따라 변경될 수 있습니다.

❹ 레드프린팅에는 여러 가지 스티커 종류가 있는데 여러 디자인을 한 판에 넣을 수 있는 판 스티커를 제작하려고 합니다. 장점은 이렇게 인쇄해 보고 마음에 드는 것은 한 판에 여러 장 넣거나 낱장으로 인쇄할 수 있습니다. '판스티커-스퀘어'를 선택합니다.

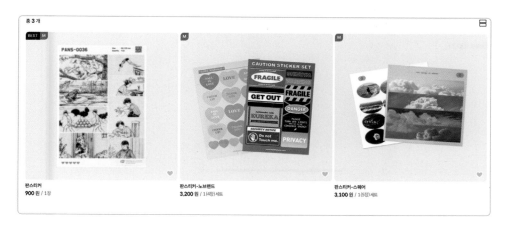

❺ 판 스티커의 크기는 '140 mm × 140 mm' 정사각이며, 용지는 '아트지 라벨 90 g'이고 '유광 코팅 단면'을 선택합니다. 1개를 선택하면 총 5매의 스티커 판이 나옵니다.

❻ 디자인 템플릿은 '4-10프레임', 태그는 '모양+배경'을 선택합니다. 여러 개의 템플릿이 나 옵니다.

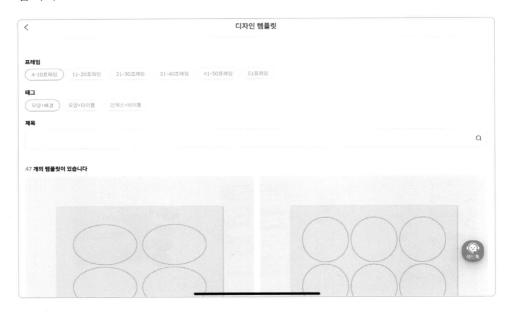

❼ 그림이 6개 들어가는 '판스 스퀘어-0146'을 선택합니다.

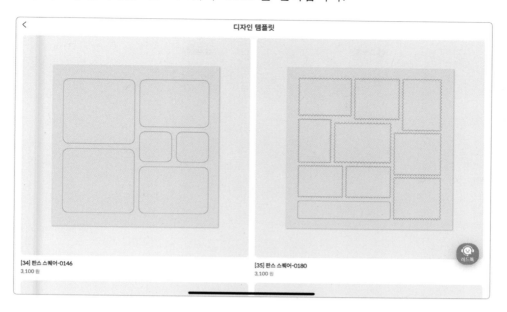

❽ 아이템 추가의 사진을 누릅니다.

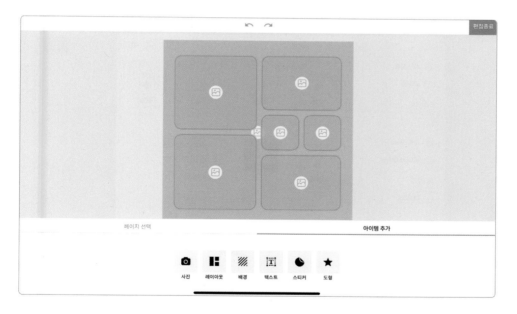

❾ '파일 선택'을 누릅니다.

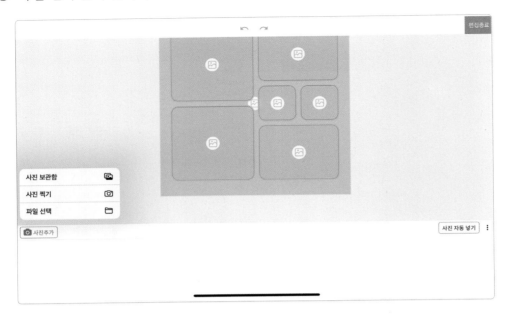

❿ 파일함에 저장한 이미지를 모두 선택해서 '열기'를 누릅니다.

⓫ 파일함에서 이미지를 가져왔습니다.

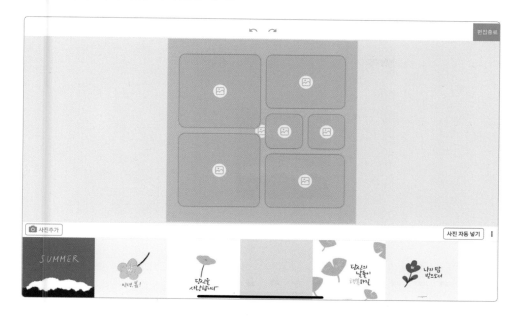

⓬ 배경부터 넣어서 스티커 전체를 채웁니다.

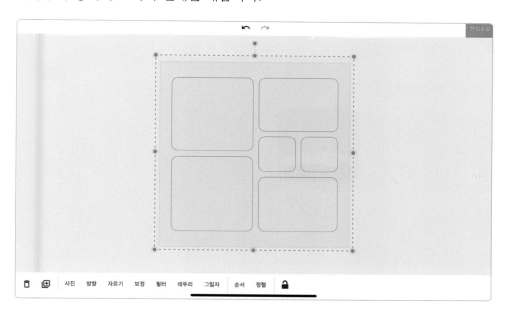

❸ 디자인을 하나씩 선택해서 크기를 조절해서 원하는 자리에 넣습니다.

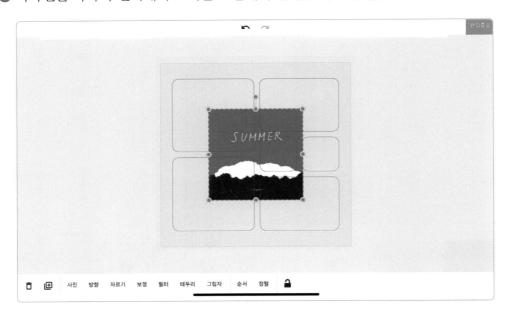

❹ 크기를 조절하고 테두리를 눌러 코너를 5로 설정해 줍니다. 디자인의 코너가 스티커에 맞게 라운딩 됩니다. 상단의 취소 버튼이 있으니, 디자인을 넣다가 수정할 경우 사용하면 됩니다.

⓯ 디자인을 다 넣은 후 '편집종료'를 누릅니다.

⓰ 편집이 완료되었는지 확인하는 문구가 나오고 스티커가 인쇄되어 나오는 디자인을 보여줍니다. 수정하려면 '편집화면으로 돌아가기', 바로 주문하려면 '종료하기'를 선택합니다.

⓱ 주문한 내용을 확인하고 주문합니다.

⓲ 다양한 디자인으로 만들어 봅니다.

'오지큐 크리에이터 스튜디오' 크리에이터 신청하기

① OGQ 크리에이터 스튜디오(creator.ogq.me)에 접속하여 '크리에이터 되기'를 누릅니다.

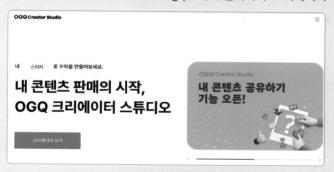

② OGQ 계정 생성을 위해 서비스 약관에 동의하고 이메일, 사용자 이름, 소개 등을 입력하여 크리에이터 등록 절차를 완료합니다.

③ 가입이 완료되면 디지털 스티커, 이미지 등 다양한 콘텐츠를 업로드할 수 있습니다.

④ 심사가 완료되면 완료된 콘텐츠가 OGQ 마켓에 등록되어 판매를 시작합니다. 한 번 업로드하면 네이버 블로그, 카페, 밴드, 아프리카 tv 등에서 판매가 됩니다.

2. 디지털 이모티콘 제작하여 추가 수입 올리기

디지털 스티커를 '오지큐 크리에이터 스튜디오'에 등록하는 방법을 알아봅니다. 많은 수입은 아니지만, 내가 만든 이모티콘을 내 블로그에서 사용할 수 있는 것만으로도 즐거운 활동입니다. 그리고 누군가 나의 이모티콘을 구매해서 추가 수입도 얻을 수 있습니다.

스티커 기획하기

❶ 스티커 크기 확인: 스티커 제작을 위해서는 총 3개의 캔버스가 필요합니다. 스티커를 올리는 캔버스, 메인 이미지 캔버스, 탭 이미지 캔버스입니다. 스티커의 이미지 개수는 총 24개입니다. 즉 24개의 이미지가 있어야 스티커 등록이 가능합니다.

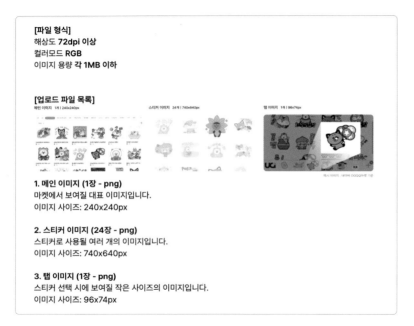

  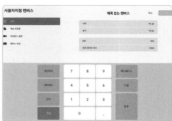

❷ 캔버스 만들기 : 프로크리에이트에 스티커 캔버스부터 만들어 줍니다. '+'를 눌러서 캔버스 크기를 세가지 만듭니다. 스티커 이미지 캔버스 740×640px을 만들어 줍니다. 메인 이미지 캔버스는 240×240px입니다. 탭 이미지 96×74px입니다. 세 캔버스 모두 '색상 프로필'은 RGB입니다.

❸ 스티커 기획 : 글씨만 넣거나 그림만 넣어서 제작해도 되는데 그런 경우는 그림이 좀 더 정교해야 합니다. 요즘은 크리에이터가 많다 보니 승인이 더 까다로워졌습니다. 가능하면 글씨와 그림을 같이 넣는 것을 추천합니다.

네이버 블로그의 스티커 마켓이나 카카오 스티커 마켓에서 다른 분들의 스티커를 많이 보면서 어떻게 제작하는지 확인해 봅니다. 필자의 경우는 처음에 필자 블로그에 직접 만든 스티커를 쓰고 싶어서 만들었습니다. 필요에 의해 만들다 보니 무엇을 만들지가 분명했습니다.
책 서평, 블로그 서평이나 댓글, 크리스마스 시즌에 쓰고 싶은 스티커 등을 만들었습니다. 그래서 '나는 어떤 스티커를 만들 거다'라는 기획 단계가 필요합니다. 사실 필자는 기획 스타일은 아닌데 제작하다 보면 기획하고 하는 것이 훨씬 효율적이었습니다.

❹ 스티커 기획 양식 : 스티커 제작 기획 양식 파일을 첨부합니다. 필자는 굿노트에서 쓰고 있습니다. 상단에는 스티커 제목, 그 옆에는 메인 이미지와 탭 이미지칸입니다. 하단에는 24개의 디자인입니다. 메인 이미지, 탭 이미지는 24개의 디자인 중 대표적인 것으로 넣으면 됩니다. 오른쪽에는 문구 24개를 적을 수 있습니다.

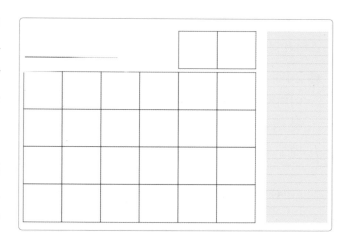

❺ 스티커 기획 작성하기 : 제목의 경우 처음에 생각 안 나면 글과 그림을 완성한 다음에 정해도 됩니다. 어떤 컨셉으로 할지를 쓰고 시작해도 됩니다. 예를 들어 일상 포스팅인지, 크리스마스나 연말 포스팅용인지, 상품 후기 작성하기 좋은 포스팅인지, 맛집이나 여행 포스팅인지 씁니다. 처음에는 본인이 관심 있고 내 블로그에 쓰고 싶은 것으로 하는게 좋습니다. 주제를 정했다면 주제에 맞는 문구를 결정합니다. 문구는 누가 써도 무난한 깔끔하고 간결

한 문구가 좋습니다. 맛집 포스팅이면 '맛있어요', '추천해요', '위치는', '가성비 좋은', '굿굿' 등의 문구가 어울립니다.

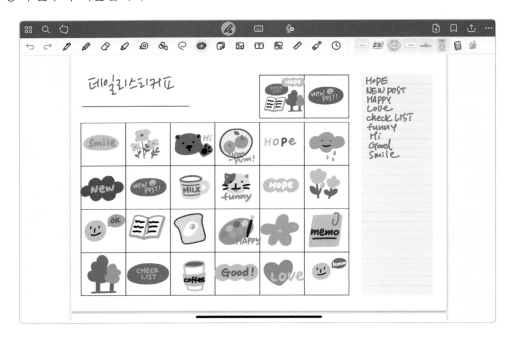

스티커 업로드하기_승인 올리기

❶ 24개 스티커 완성하기: 스티커 기획을 다 했다면 이제 프로크리에이트에 만들어둔 스티커 이미지 캔버스에 가서 기획한 그림 24개를 만듭니다. 컬러는 너무 많이 쓰지 말고 몇 가지를 정해서 사용하는 것이 전체적으로 보았을 때 통일감 있고 깔끔합니다. 그리고 가독성도 매우 중요하니 꼭 참고합니다.

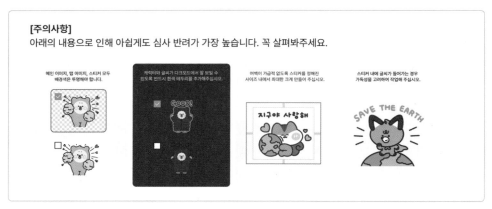

▲ 스티커 이미지 주의 사항. OGQ크리에이터 스튜디오 홈페이지

❷ 파일함에 저장하기: 파일함에 폴더를 하나 만들고 스티커 이미지 24개, 메인 이미지 1개, 탭 이미지 1개를 업로드합니다. 메인 이미지와 탭 이미지는 24개의 이미지 중에서 선정하면 됩니다. 이미지는 1~24.png로 저장하고 메인 이미지는 main.png, 탭 이미지는 tab.png로 저장합니다.

❸ OGQ스튜디오에 가서 '콘텐츠 업로드'를 선택합니다.

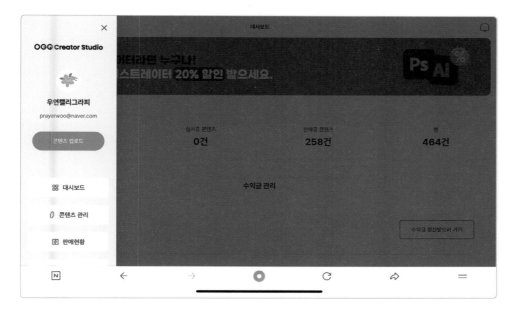

❹ '콘텐츠 유형 선택'에서 '스티커'를 선택합니다.

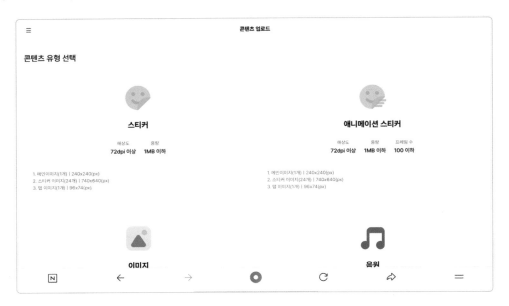

❺ 제목과 내용, 태그를 기재합니다.

❻ 번호를 누르면 파일을 선택할 수 있습니다. 파일함에 저장한 파일을 가져옵니다.

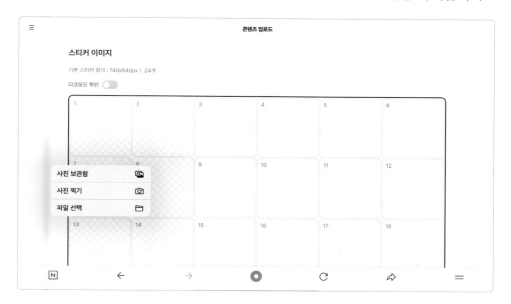

❼ 각 번호에 맞게 1~24번 파일을 선택합니다.

❽ 이미지가 모두 등록된 화면을 확인합니다.

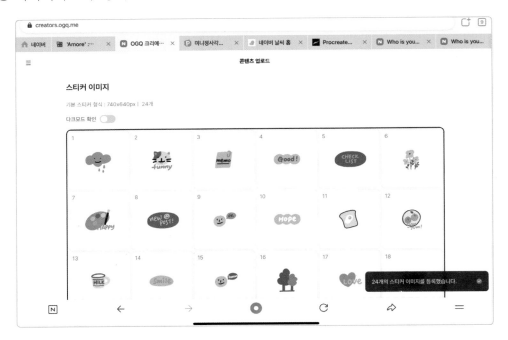

❾ 메인 이미지와 탭 이미지도 넣어줍니다.

❿ '업로드 하기'를 누르면 완료됩니다.

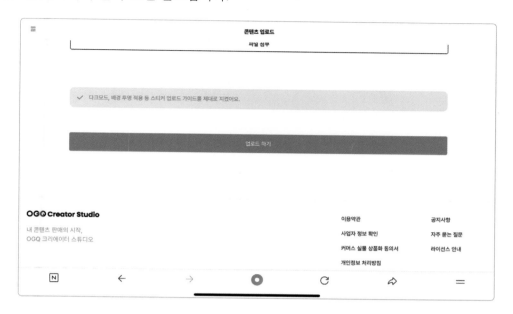

⓫ 심사 기간은 보통 10일 이내이며 메일로 심사 여부를 알려줍니다. 크리에이터들이 많아지다 보니 이전보다 심사가 까다로워진 것 같습니다. 심사 기준을 정확하게 숙지하고 좀 더 디테일한 드로잉과 차별화된 주제를 선정하여서 작업하면 좋을 것 같습니다.

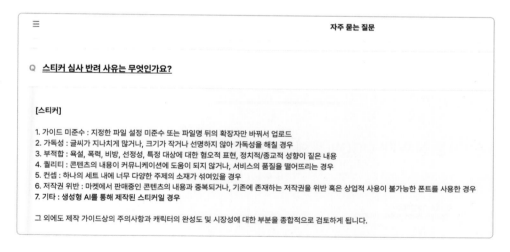

OGQ 크리에이터 스튜디오

필자의 크리에이터 스튜디오입니다. 이미지와 스티커 등의 심사가 완료되어 판매 중인 콘텐츠가 등록되어 있습니다.

이 콘텐츠들은 'NAVER OGQ마켓'에서 판매되고 있습니다.

많은 금액은 아니지만 한번 올려둔 콘텐츠는 꾸준히 판매되고 있고, 필자가 초기에 등록해 둔 크리스마스 시즌 스티커는 매년 크리스마스마다 잘 판매되는 제품입니다.

오지큐 크리에이터 스튜디오 관리 메뉴입니다.

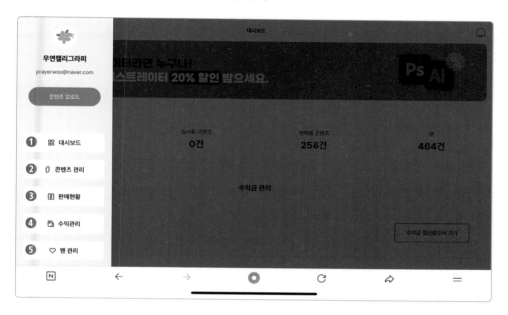

❶ 대시보드: 대시보드는 크리에이터의 판매 중인 콘텐츠 건수, 수익금, 크리에이터 팬 인원수를 확인할 수 있습니다.

❷ 콘텐츠 관리: 업로드한 콘텐츠를 확인할 수 있고, 수정 또는 삭제를 할 수 있습니다.

❸ 수익 관리: 수익 관리에서 '정산 신청하기'를 통해 정산을 신청합니다. 정산금 신청은 3만 원 이상부터 가능합니다. 지급은 신청일에 따라 당월 또는 익월 25일에 지정한 통장으로 입금됩니다. 크리에이터가 정산 신청한 내역과 받을 수익금을 볼 수 있습니다.

❹ 판매 현황: 판매 중인 콘텐츠의 데이터를 확인합니다. 가장 많이 판매된 콘텐츠, 어떤 마켓에서 얼마나 판매되었는지를 확인할 수 있습니다.

❺ 팬 관리: 크리에이터를 응원하는 팬들의 수와 좋아요, 댓글 등을 확인할 수 있습니다.

'오지큐 크리에이터 스튜디오'에 스티커를 제작하여 콘텐츠로 등록하는 방법을 알아보았습니다. 여러분들만의 그림과 색감, 기발한 문구들로 구성해서 스티커를 제작해서 하나씩 등록해 봅니다.

06 : 손글씨 굿즈 제작하기

1. 플라워 손글씨 액자 제작하기

일반 캘리그라피 액자를 제작할 때 직접 붓펜으로 종이에 쓰는 경우에는 수정이 불가능하기 때문에 몇 번을 수정해서 쓰는 과정이 필요합니다.

그런데 디지털 캘리그라피는 오타가 있거나 정렬이 안 맞을 경우 수정 및 크기 조정까지도 자유롭게 할 수 있기 때문에 편리합니다. 또한 디지털 붓펜, 마카펜 등 다양한 활용이 가능해서 글씨뿐만 아니라 드로잉 또한 완성해서 출력하여 액자나 엽서로 제작할 수 있습니다.

단품 꽃 플라워 캘리그라피 액자

디지털 브러시로 글씨를 쓰고 출력해서 플라워 액자를 만들어 봅니다.

❶ 새로운 캔버스 만들기 : 캔버스 크기는 A4크기로 가로 297 mm 세로 210 mm입니다.

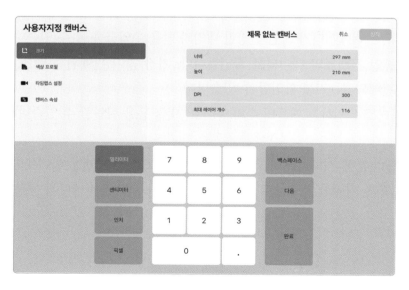

❷ 문장 쓰기 : 문장 쓰기에서 연습한 두 줄 이상 문장 중에서 '괜찮아 잘하고 있어'라는 문장을 써 보겠습니다. 브러시는 'wooyoun' 브러시입니다. 검은색으로 씁니다. 브러시 크기는 12 정도가 적당합니다. 문장 연습한 것을 생각하면서 문장의 리듬, 조형성을 갖추어서 글씨를 씁니다.

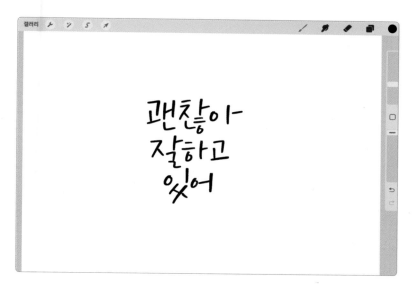

❸ 문장 자리 잡기 : 왼쪽에 플라워를 부착할 예정이라 글씨를 오른쪽으로 위치를 조정해 줍니다.

❹ 엽서지 출력하기 : 필자는 EPSON(엡손) 포토 프린터기를 가지고 있어서 수시로 출력합니다. 엽서지만 있으면 언제든 컬러, 흑백 출력이 가능해서 유용합니다. 프린터가 없으신 경우에는 소량 출력이 가능한 업체에 제작을 맡기면 됩니다.

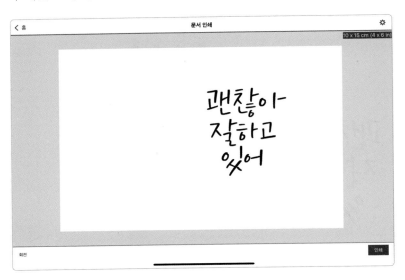

여기서 잠깐!

엡손 프린터로 출력하기

4×6사이즈로 출력합니다. 동작에서 이미지 공유, JPEG를 선택하고 엡손 프린터로 보냅니다. 출력할 크기가 맞는지 확인하고 인쇄를 누르면 엽서지에 출력이 됩니다.

❺ 엽서지에 단품 꽃붙이기 : 엽서지에 붙이는 꽃의 경우는 마른 꽃을 사용합니다. 특히 프리저 브드 처리가 된 꽃들은 잘 부서지지 않고 색감이 오래 가서 캘리그라피 액자 만들기에 유용합니다. 단품의 꽃을 붙일 때는 마스킹 테이프만으로도 잘 붙습니다. 분홍 안개꽃을 마스킹 테이프로 붙여줍니다. 얇은 펜으로 서명을 합니다.

❻ 액자에 넣기 : 꽃 액자의 경우는 보통 깊이가 있는 액자를 씁니다. 깊이가 없는 액자라면 앞면의 유리나 아크릴판을 제거하고 넣어주면 됩니다.

미니 꽃다발 플라워 캘리그라피 액자

❶ 레이어 추가하기: 문장 쓰기 한 레이어 위에 새 레이어를 추가하고 이전 문장은 '숨김'합니다.

❷ 문장 쓰기: 문장 쓰기에서 연습한 두 줄 이상 문장 중에서 '기대해요 더 빛날 당신'라는 문장을 써 보겠습니다. 브러시는 'wooyoun' 브러시입니다. 검은색으로 씁니다. 문장 연습한 것을 생각하면서 문장의 리듬, 조형성을 갖추어서 글씨를 씁니다.

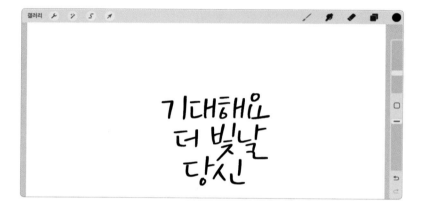

❸ 문장 자리 잡기: 왼쪽에 플라워를 부착할 예정이라 글씨를 오른쪽으로 위치를 조정하고 서명을 합니다.

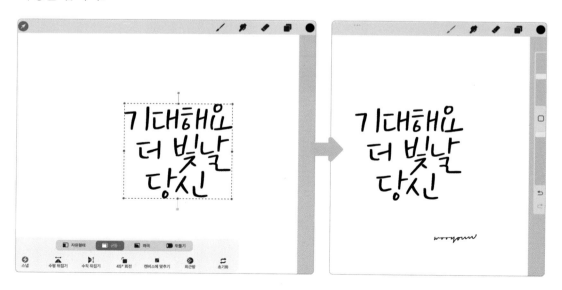

❹ 엽서지 출력하기: '동작'에서 '이미지 공유', 'JPEG'를 선택하고 프린터로 보냅니다.

❺ 미니꽃다발 제작 준비물: 단품이 아닌 미니 꽃다발을 만들어서 제작하려고 합니다. 꽃은 노란 안개꽃, 하얀 안개꽃, 유칼립투스로 만듭니다. 노끈으로 다발을 고정하고 리본도 붙여주려고 합니다.

❻ 우선 노란 안개꽃을 몇 개 모아서 미니 다발을 만듭니다.

❼ 하얀 안개는 앞쪽에 배치합니다.

❽ 유칼립투스 두세 개 정도를 뒤쪽에 배치합니다.

❾ 엽서지에 갖다 대어보고 적정한 크기인지 확인합니다.

❿ 노끈으로 말아줍니다. 노끈으로 말아줄 때 꽃이 다치지 않도록 조심합니다. 몇 줄을 감고
가위로 자른 다음에 끈을 자르고 뒷쪽에 글루건으로 고정합니다.

⓫ 가위로 줄기를 짧게 정리합니다.

⓬ 엽서지에 꽃 붙이기 : 글루건을 이용해서 엽서지에 붙이면 됩니다. 위치를 잘 확인하면서 꾹 눌러서 고정합니다.

⓭ 리본 붙이기 : 이 위에 노끈으로 리본을 만들어 붙입니다. 훨씬 예쁜 미니꽃다발이 됩니다.

⓮ 액자에 넣기 : 미니꽃다발의 경우에는 깊이가 있는 액자에 넣어야 꽃 보관이 용이합니다.

직접 쓴 글씨로 플라워 캘리그라피 액자를 만들어보았습니다. 우선 지인들에게 선물용으로 여러 개 만들어 보고 자신이 생기면 주문을 의뢰받아 제작해서 판매하는 것도 추천합니다.

🔁 독자 Q&A **캘리그라피 액자 만들 때 어떤 꽃을 써야 하나요?**

- 드라이 플라워: 꽃을 선물 받으면 말려서 캘리그라피 엽서나 액자로 만들 수 있습니다.

  특히 장미나 유칼립투스, 천일홍, 스타치스 등은 말려서 사용하기 좋은 꽃입니다. 말릴 때는 꽃을 한 송이씩 나누어 바람이 잘 통하는 그늘에 거꾸로 매달아서 말립니다. 보통 이런 드라이 플라워들은 꽃집에서도 구매할 수 있습니다.

- 프리저브드 플라워: 드라이 플라워보다 견고성 있고 색감도 오래가는 꽃입니다.

  프리저브드 플라워는 생화를 특수 처리해서 장기간 신선한 상태와 색감을 유지하도록 만든 꽃입니다. 가격은 일반 드라이 플라워 보다는 비싸지만 부서지지 않고 색감도 오래가서 오히려 경제적입니다. 제가 주로 쓰는 프리저브드 플라워는 안개와 유칼립투스입니다. 유칼립투스는 향과 초록 색감이 좋고 안개꽃은 색감이 예쁘고 오래가며 어떤 꽃들과도 잘 어우러집니다. 그럼에도 불구하고 여름처럼 습도가 높은 계절에는 상할 수 있으니 가급적 실리카겔 등의 습도 조절제를 넣어서 보관하는 것이 좋습니다.

  필자는 대량으로 구매하기 때문에, 꽃시장에 가서 구매하는데, 소량으로 구매할 때는 동네 꽃집이나 인터넷 구매도 괜찮습니다.

추천하는 프리저브드의 종류

2. 엽서 제작하기

플라워 액자 엽서 인쇄

집에 프린터기가 없는 경우 인쇄를 맡겨서 출력물을 받아 제작할 수 있습니다.
앞에서 만들어 본 엽서를 인쇄 맡기는 방법을 알아봅니다.

❶ 인쇄를 맡기기 위해 파일을 만들어줍니다. 캔버스를 새로 선택하고 154 mm × 104 mm
크기를 만들어줍니다. 색상 프로필은 CMYK로 설정합니다.

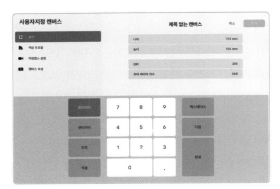 

❷ 문장 쓰기 연습할 때 쓴 문장을 복사해서 이 파일에 '붙여넣기'를 합니다. 직접 써도 됩니
다. JPEG로 파일함에 저장합니다.

 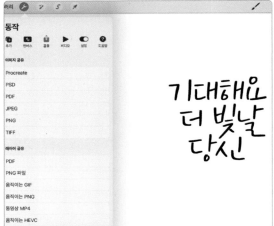

❸ 사파리에서 '레드프린팅'을 검색하고 홈페이지에서 로그인합니다. 카테고리에서 '스테이셔너리 - 카드/엽서 - 특가 엽서'를 선택합니다.

❹ 하단에 '주문은 PC에서만 가능합니다' 메시지가 뜨면 옆의 'PC로 이동'을 누릅니다. 필자는 늘 아이패드에서 이 방법으로 바로 주문합니다.

❺ 주문서 작성에서 '가로'를 선택하고 용지 종류는 원하는 것으로 선택하면 되는데, 필자가 주로 쓰는 용지는 '랑데뷰울트라화이트'입니다.

❻ 인쇄 도수는 '단면'을 선택합니다. 6색 인쇄는 체크하지 않습니다(6색 인쇄의 경우 채도나 명암 표현이 더 필요한 경우 사용하나 4색 인쇄로 충분합니다). 규격은 150×100(154× 104)를 선택합니다. 괄호의 크기는 여분 크기이며 인쇄는 150×100 mm로 인쇄됩니다. 5장부터 주문이 가능한데 10장과 가격 차이가 크게 없어서 10장으로 주문합니다. 주문 제목은 '엽서' 등 본인이 알아보기 편한 제목을 쓰면 됩니다.

❼ 파일 업로드에서 하단의 '편집하기'를 누르면 편집화면이 나옵니다.

❽ 하단의 '이미지 업로드'를 누르고 '파일 선택'을 누른 후 파일함에서 이미지를 가져옵니다.

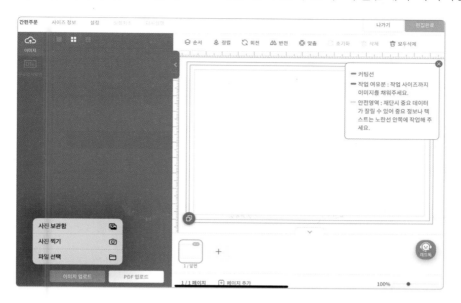

❾ 불러온 이미지를 편집하는 화면에 이동시킵니다. 커팅선, 작업 여유분, 안전 영역 등을 확인하고 상단 오른쪽의 '편집 완료'를 누릅니다.

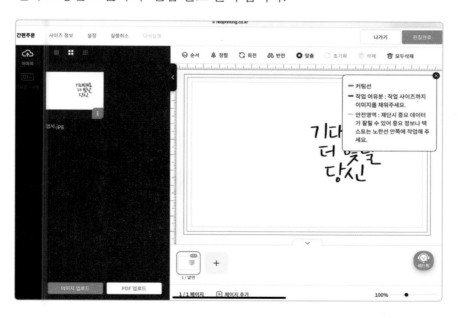

❿ 수량, 크기 등이 맞게 잘 되었는지 확인하고 주문하기를 누르고 결제합니다. 주문하고 일주일 이내 받을 수 있습니다.

감성 양면 엽서 제작

❶ 양면 엽서는 앞면은 글씨와 드로잉을 넣고 뒷면에는 드로잉만 넣어서 앞면은 엽서로, 뒷면은 메시지를 기록할 수 있는 카드 용도로 사용할 수 있습니다. 앞에서 만들어 본 엽서 크기 캔버스로 가서 이전 작업한 레이어를 '숨김'합니다.

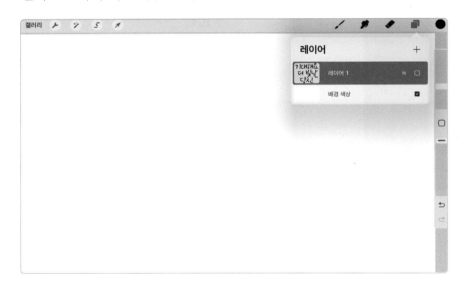

❷ 우리가 만들어 본 콘텐츠 중에서 노란 양귀비꽃과 '당신을 사랑합니다'로 구성한 콘텐츠를 복사해 오겠습니다. 가져올 레이어들을 오른쪽으로 슬라이드해서 선택합니다.

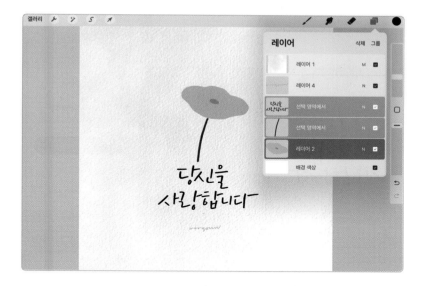

❸ 선택한 상태에서 손가락으로 꾹 눌러줍니다. 반대 손으로 갤러리로 나가서 엽서 캔버스까지 가져 와서 손가락을 놓습니다(여기까지 오면서 손가락으로 계속 누르고 있어야 합니다). 이 과정이 어려우면 가져올 레이어들을 복제해서 병합하여 하나의 레이어로 만들어서 복사해 와도 됩니다.

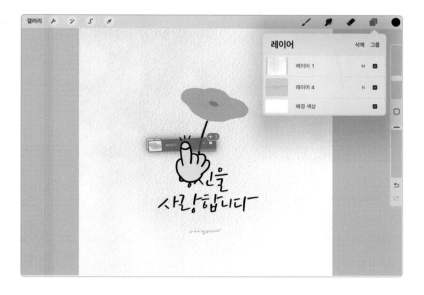

❹ JPEG로 저장하고 파일함에 '앞면'이라고 저장합니다.

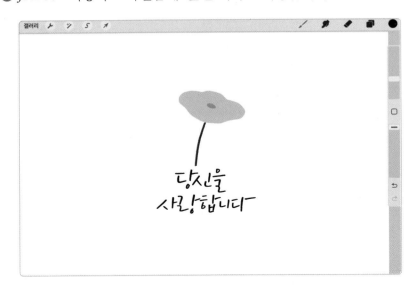

❺ 글씨 레이어를 '숨김'하고 꽃만 남겨 둔 채로, 다시 JPEG로 파일함에 '뒷면'이라고 저장합니다.

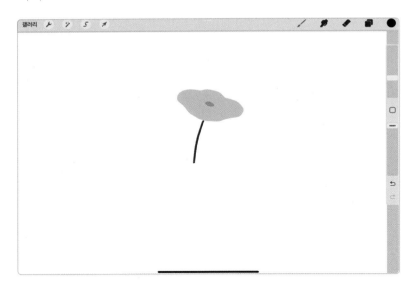

❻ 사파리에서 레드프린팅을 검색하고 홈페이지에서 로그인합니다. 카테고리에서 '스테이셔너리-카드/엽서-특가 엽서'를 선택합니다.

❼ 주문서 작성에서 '가로'를 선택하고 용지 종류를 선택하고 인쇄 도수는 '양면'을 선택합니다.

❽ 규격, 수량, 제목을 입력합니다.

❾ 파일 업로드에서 하단의 '편집하기'를 누릅니다.

⓾ 파일함에서 앞면, 뒷면 선택해서 가져옵니다.

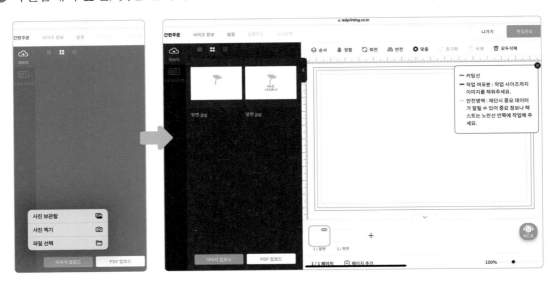

⓫ 불러온 이미지를 편집하는 화면에 앞면, 뒷면에 각각 이동시킵니다. 커팅선, 작업 여유분,
안전 영역 등을 확인하고 상단 오른쪽의 '편집 완료'를 누릅니다. 수량, 크기 등이 맞게 잘
되었는지 확인하고 주문하기를 누르고 결제합니다.

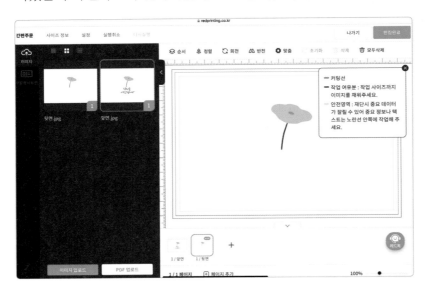

인쇄 용지는 어떻게 선택하나요?

집에서 인쇄할 때는 부드러운 모조지 엽서지가 적당합니다. 가정용 프린터는 너무 두꺼운 용지는 인쇄가 안 되기 때문에 200~260 g 정도의 두께가 적당합니다.

인쇄를 맡길 경우에는 다양한 엽서지의 종류 중에서 선택해야 하는데 가능한 한 번씩 선택해서 출력해보고 자신에게 맞는 것으로 선택하면 좋습니다. 종이마다 광택, 질감, 색감 등이 다양하고 제작하는 용도에 따라서도 다르기 때문입니다.

종이를 선택할 때 인쇄 용지에 대한 설명을 읽어 볼 수 있으니 참고하여 선택하면 됩니다. 또한 인쇄 업체에 따라 저렴한 비용으로 샘플북을 판매하는 경우도 있으니 주문하셔서 받아보는 것도 도움이 될 것 같습니다.

종이의 두께는 가능한 240 g 이상은 되어야 잘 구겨지지 않고 도톰하여 고급스럽습니다.

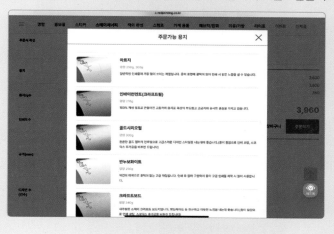

3. 캘린더 제작하기

그동안 쓴 글씨와 드로잉으로 나만의 캘린더를 만들어 봅니다. 필자는 몇 년 전부터 일 년 동안 작업한 글씨와 그림으로 캘린더를 만들고 있습니다. 여러 플랫폼에서 판매했었고 현재는 스토어팜에서 판매하고 있습니다. 캘린더를 제작하면 일 년 동안 만든 디자인을 활용할 수 있어서 좋습니다. 또한 스토어팜이나 개별 주문을 받아 판매도 가능합니다. 크리에이터로서 지인들에게 연말에 선물하기에도 좋은 아이템입니다. 제작해 볼 캘린더는 미니 사이즈 캘린더입니다.

❶ '캘린더 파일'을 다운로드해서 프로크리에이트에 불러옵니다. 1월부터 12월까지 12개의 레이어가 있습니다. 12개의 디자인을 넣어서 한 달씩 제작하면 됩니다. 캘린더 크기가 작다 보니 그림만 넣어도 됩니다.

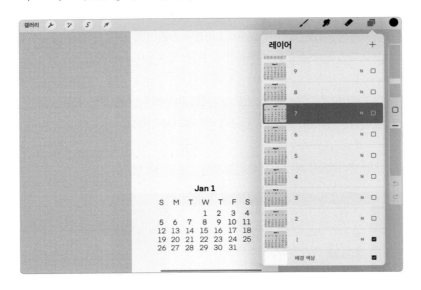

❷ 만들었던 디자인을 몇 개 가져와 보겠습니다. 예를 들어서 봄꽃을 그리고 문장을 쓴 작품에 가서 레이어를 그룹, 복제하고, 병합해 주고 복사해서 가져옵니다.

❸ 벚꽃이 3월에 피니까 3월 달력으로 좋겠습니다. 3월로 가져가 줍니다. 오른쪽으로 슬라이드해서 그룹을 만들어 줍니다.

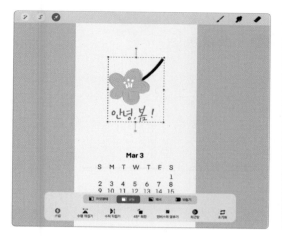 

❹ 달을 그림 컬러와 맞추어 주면 더 예쁩니다. 달력 레이어에서 올가미로 달을 선택해 주고 세 손가락을 쓸어내린 후 '자르기 및 붙여넣기'를 합니다.

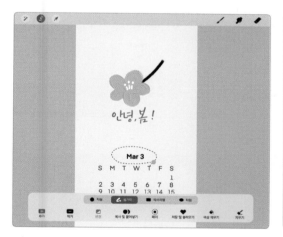 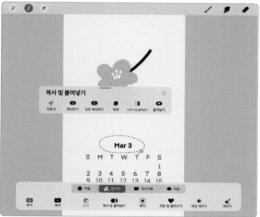

❺ '알파 채널 잠금'하고 색 추출해서 색 채우기 합니다. 그림과 달을 색을 맞추어 줄 수 있습니다.

❻ 컵을 그리고 글씨를 쓴 드로잉을 가져왔습니다. 문장에 오월이 있어서 5월 캘린더로 좋을 것 같습니다. 레이어를 그룹, 복제하고, 병합해 주고 복사해서 가져오면 됩니다.

❼ '5월'도 컵과 같은 색으로 바뀝니다.

❽ 스티커로도 만들어본 가을 은행잎과
글씨가 있는 캔버스에서 복사해 오겠
습니다. 여러 복제한 은행잎이 있을 텐
데 처음 그린 은행잎과 글씨를 복사해
옵니다.

❾ 레이어를 병합해서 가져오거나 하나씩
복사한 후 캘린더에 가져옵니다. 은행
잎이니까 10월이 어울릴 것 같습니다.
크기를 조절해 줍니다.

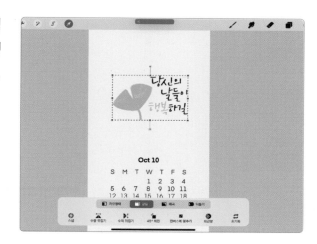

❿ '10월'은 은행잎과 같은 색으로 바뀝
니다.

⓫ 나머지 달들도 여러분이 그린 그림들에서 복사해 오거나 새롭게 그려서 채워봅니다. 다 채우신 후에는 파일함에 저장합니다. '캘린더' 폴더를 하나 만들고 1~12까지 저장해줍니다.

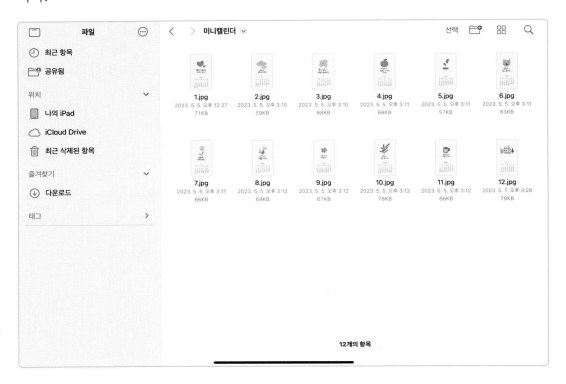

⓬ 인쇄 업체는 여러 개가 있는데 '포스트링(Postring)'에서는 '여러 디자인 소량 인쇄'가 가능합니다. 전체 메뉴에서 미니엽서, 포켓 엽서를 선택합니다.

⓭ '포스트링 편집기 이용'을 선택합니다.

⓮ 옵션은 단면 인쇄 세로형, 수량은 120개 선택하고 종이는 맨 위의 아르떼 230을 선택합니다. '앞면 디자인'을 누릅니다.

⓯ 디자인 편집기가 열립니다. 하단의 '사진 가져오기'를 눌러서 파일함에 저장한 12개 디자인을 선택해서 다 가져옵니다.

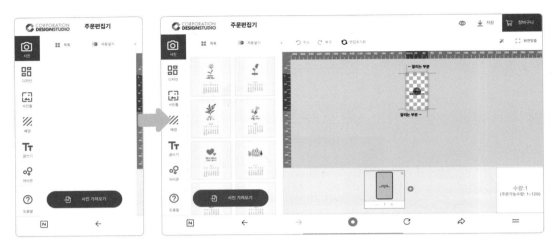

⓰ 오른쪽 하단의 ➕ 버튼을 눌러서 디자인 수량을 12개로 만듭니다. 그리고 12개 디자인을 10개씩 입력해서 수량을 총 120개 만들어 줍니다.

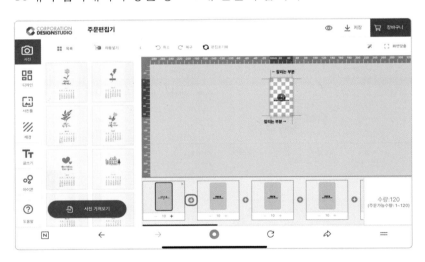

⓱ '자동넣기'에서 '전체 페이지 자동 담기'를 합니다. 12개 디자인이 자동으로 들어갑니다. '화질 저하' 메시지가 뜰 수 있습니다. DPI 300이하인 경우 뜨는 경고 메시지 인데 제가 300으로 설정해 두었기 때문에 모니터에서 명함 사이즈로 봤을 때 선명한 디자인이면 넘어가도 됩니다.

⓲ 상단 오른쪽에 '저장'을 누르고 '장바구니'를 눌러서 편집을 완료합니다.

❶❾ 옵션이 다 맞는지 확인하고 '디자인 확인'을 눌러서 디자인과 주문 수량이 맞는지 확인합니다.

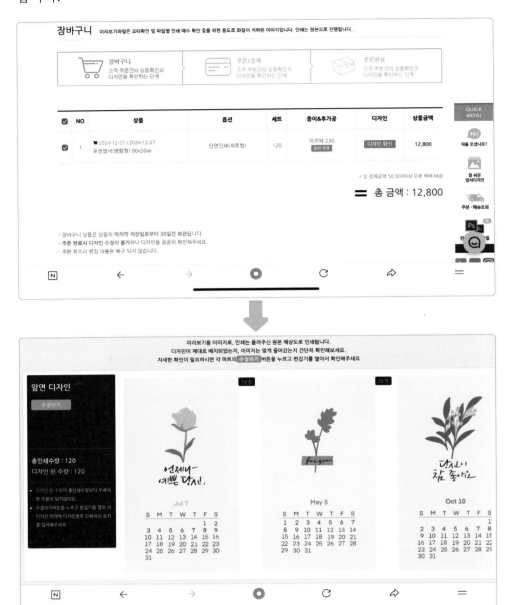

❷⓿ 장바구니로 와서 '선택 상품 주문'을 하면 됩니다.

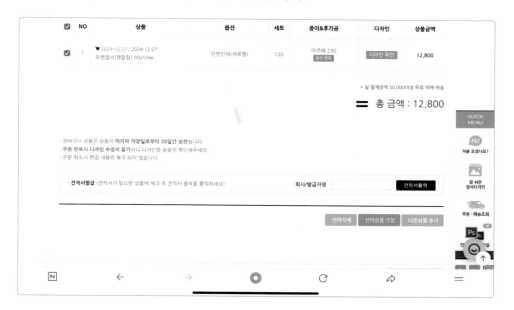

❷❶ 요즈음에는 인쇄 업체에서 다양한 캘린더 템플릿을 제공하고 있어서 디자인만 올리면 나만의 캘린더로 만들어 볼 수 있습니다. 다양한 디자인과 크기의 캘린더를 만들어 봅니다.

07 : N잡러 되기

1. 아이패드 손글씨로 N잡을 할 수 있는 다양한 방법

 필자가 캘리그라피를 시작한 지는 10년 정도 되었습니다. 그리고 아이패드를 만나고 디지털 캘리그라피를 시작한 지는 8년 정도 되었습니다.

 처음에는 디지털 캘리그라피의 휴대성과 간편성 때문에 작업하게 되었지만, 지금은 디지털 캘리그라피가 작업의 대부분을 차지하고 있습니다. 또한 재미있어서 한두 개 만들어 본 디지털 콘텐츠가 차곡차곡 쌓이다 보니 제법 많은 양의 작업물로 수익도 얻고 있습니다.

 물론 큰 수익은 아니라고 해도 디지털 콘텐츠의 특성상 계속 노출되는 양도 늘고 있어서 한 번 만들어 놓으면 작지만, 꾸준히 수익을 올릴 수 있는 것도 디지털 콘텐츠의 장점입니다. 디지털 캘리그라피로 N잡을 할 수 있는 방법은 다양합니다.

 디지털 캘리그라피 타이틀 로고 작업

▲ 대안학교 타이틀 작업

디지털 캘리그라피로 필자의 첫 수익은 '캘리그라피 타이틀 제작'이었습니다. 단체에서 진행하는 행사 타이틀 의뢰를 받고 디지털 캘리그라피로 작업하고 파일을 보냈습니다. 그때 알게 된 것은 디지털 캘리그라피는 내가 있는 장소와 상관없이 수익을 얻을 수 있겠구나 하는 생각이었습니다.

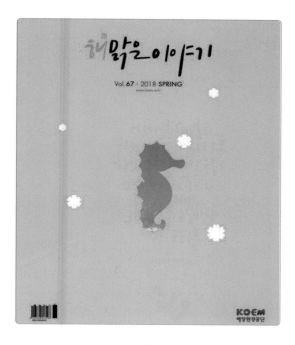

▲ 해양 환경 공단 사보 타이틀 작업

그럼, 의뢰는 어떻게 받을 수 있을까요? 여러 가지 방법이 있습니다. 필자의 경우는 블로그나 인스타그램 DM으로 의뢰가 들어옵니다. 처음부터 의뢰받기는 쉽지 않겠죠. 그러면 어떻게 해야 할까요? 제가 추천하는 것은 '공모전'입니다. 필자는 캘리그라피 작가를 시작하는 초기에 공모전에 많이 참여했습니다. 기관이나 기업 이벤트, 미술 대전 등 다양한 공모전이 있습니다. 상품이 작게는 커피 쿠폰부터 상당한 상금까지 다양합니다. 공모전에 참여하면서 블로그나 인스타에 본인이 참여하면서 만든 콘텐츠를 공유해 봅니다.

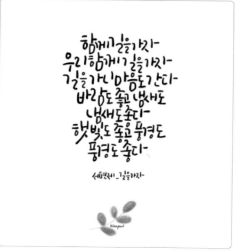

▲ 초기에 참여했던 공모전 중에 하나 '뮤지컬 서편제' 캘리그라피 공모전

물론 참여했다고 다 당선이 되는 것은 아니겠지만, 자주 하다 보면 공모전 개최자, 즉 클라이언트의 의도도 알게되면서 작업의 방향도 알게 됩니다. 그러다보면 공모전에 당선도 되고 공모전 참여한 작품도 SNS에 노출하다 보면 내 작업물과 맞는 클라이언트들이 의뢰하게 됩니다. 이 외에도 LOUD(라우드소싱)이나 KMONG(크몽) 같은 플랫폼에 작가 등록을 하고 의뢰받는 방법도 있습니다.

▲ 라우드소싱 LOUD 홈페이지

▲ 참고서 타이틀 작업

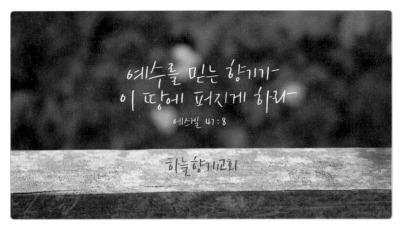

▲ 교회 홈페이지 타이틀 작업

온·오프라인 강의 및 행사 진행

요즘은 온라인 강의를 할 수 있는 플랫폼이 정말 다양화되어 있습니다. 개인적으로 화상을 통해 줌 수업을 하는 작가들도 있습니다. 또한 클래스 101 등의 온라인 플랫폼에 강의를 올리기도 합니다. 저 또한 클래스 101에 디지털 캘리그라피 수업을 개설했습니다.

온라인 수업은 제작 과정은 힘들지만 한 번 개설해 놓은 강의는 내가 수업을 안 해도 꾸준히 수입이 들어오는 장점이 있습니다.

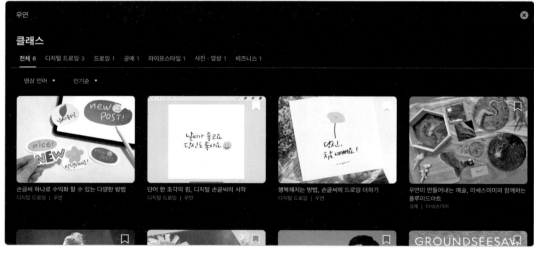

▲ 클래스 101 온라인 수업

또한 백화점 문화 센터나 기업 문화 행사 출강 등으로 수업을 하기도 합니다. 물론 오프라인 수업은 디지털 캘리그라피 보다는 액자 만들기, 엽서 제작 등의 펜 수업이 대부분 이기는 하지만 요즘에는 아이패드를 많이 갖고 있다보니 디지털 캘리그라피 수업도 진행하기도 합니다.

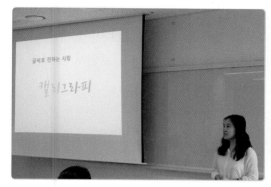 

▲ 기업, 기관 출강

그 외에 기업이나 기관에서 많이 진행하는 행사들도 있습니다. 가족의 달을 맞아서 엽서를 써 드리거나 새해 연초에 다이어리에 이름을 써 드리는 행사, 아이패드로 원하는 문구를 써 드리고 바로 출력해 드리는 행사 등 종류는 다양합니다. 이런 출강이나 행사 등도 진행 준비 과정부터 잘 정리해서 사진을 찍어 놓고 블로그 등에 포스팅을 해놓으면 같은 종류의 행사를 진행하고 싶은 기업이나 기관에서 관심을 가지고 읽어보고 출강 문의가 들어옵니다.

▲ 기업, 기관 등의 캘리그라피 행사

플랫폼을 활용한 굿즈 판매

다양한 크리에이티브 마켓을 통해 굿즈를 판매하는 방법도 있습니다. 온라인 플랫폼 크리에이티브 마켓에 디지털 굿즈를 업로드해서 판매할 수 있습니다. 디지털 스티커를 제작해서 '카카오톡'이나 '오지큐' 등에 상품으로 등록하거나 '아이디어스'나 '네이버 스마트 스토어', '마플샵' 등에 제품을 등록하여 판매하기도 합니다. 워낙 다양한 플랫폼이 있다 보니 어떤 게 좋다고 말할 수는 없으나 하나씩 가입해서 크리에이터들이 어떻게 판매하고 있는지 보면서 나에게 맞는 플랫폼을 선정하면 됩니다.

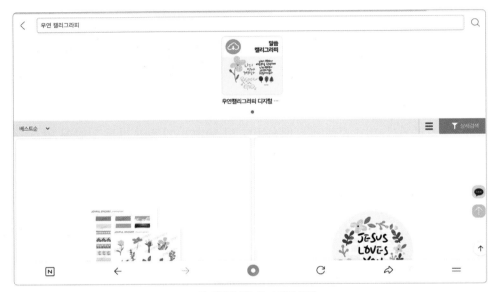

▲ 갓 피플몰 굿노트 스티커 판매

▲ 네이버 오지큐 OGQ 디지털 스티커 판매

그 외에도 작가들은 DM이나 구글폼을 통해 개별 주문을 받거나 '텀블벅' 등으로 구매자를 모집해서 판매하는 등 다양한 플랫폼을 통해 굿즈를 판매할 수 있습니다.

〈출처: Tumblbug 텀블벅 홈페이지〉

SNS 소셜 미디어를 통한 수익

〈출처: 인스타그램 Instagram〉

유튜브, 엑스(구 트위터), 인스타그램 등은 팔로워와 조회수를 통해 수익을 창출할 수 있습니다. 물론 그렇게 되기까지 노력과 시간이 필요합니다. 그렇지만 수익 계정들도 하루 아침에 수익 계정이 된 것은 아닙니다. 꾸준히 질 좋은 콘텐츠를 제작하고 팔로워들과 소통하며 수익을 얻게 되었습니다. SNS 계정을 탄탄하게 운영하면 계정을 통해 클라이언트에게 의뢰를 받거나 협찬을 받는 것 등이 좀 더 수월해집니다. 그러니 오늘부터라도 차근차근 시작해 보는 것을 추천합니다.

💬 독자 Q&A **인스타그램 팔로워 수, 어떻게 하면 늘릴 수 있을까요?**

인스타그램이나 블로그를 잘 운영하면 여러가지 장점이 있습니다. 내가 만든 콘텐츠, 작업물들을 꾸준히 업로드 함으로써 나의 포트폴리오를 만들어 갈 수 있습니다. 클라이언트들에게 다양한 작업물들을 보여줄 수 있는 홈페이지라고 생각하면 됩니다. 또한 팔로워 수를 확보해 놓으면 제품을 만들어 판매할 때도 유리합니다. 물론 조회수, 반응수의 증가에 따라 수익도 얻을 수 있습니다. 인스타그램 팔로워 수, 어떻게 하면 늘릴 수 있을까요? 다양한 관점이 있겠지만 개인적으로 생각하는 몇 가지를 알려드리겠습니다.

- 매일, 꾸준히, 성실히! 콘텐츠 업로드: 꾸준함을 이기는 것은 없습니다. 저는 인스타그램 초기에 1일 3개 이상 콘텐츠를 업로드했습니다. '잘하는' 것도 중요하지만 '성실히'가 더 중요합니다. 성실하게 하다보면 잘하게 됩니다.
- 일관성 있는 피드: 글씨나 그림을 쓰는 피드에 음식을 올리거나 상관없는 물건을 올리는 것 등은 내 포트폴리오에 어울리지 않습니다. 내 팔로워들이 기대하고 있는 콘텐츠를 올리는 것이 신뢰성을 주며 내 이미지도 탄탄하게 만들어 갈 수 있습니다.
- 꾸준히 성장하기: 글씨나 그림도 계속 성장해야 하며 콘텐츠를 운영하는 방법도 성장해야 합니다. 각 SNS 홈페이지의 운영 팁을 숙지하고 다른 크리에이터들의 운영 방법도 보면서 계속 성장한다면 팔로워는 자연스럽게 늘어날 것입니다.

---

2. 브랜드 기획 및 상품 제작

내 브랜드 기획, 상품 기획

우선은 내 상품을 만들기 전에 기초 브랜딩을 합니다.

'브랜딩'이라고 해서 거창한 것은 아니고 기본적으로 나만의 글씨체, 그림체, 나만의 컬러, 컨

섭 등을 잡아가는 것을 말합니다. 필자도 만들어가는데 오랜 시간이 걸렸고 아직도 계속 틀을 잡아가고 있습니다.

브랜드 기획을 먼저 하는 이유는 브랜딩 없이 무작정 엽서나 스티커를 판매하거나 하면 당장 수익은 조금 될 수 있어도 장기적으로 봤을 때는 수정하는 시간이 또 필요하기 때문입니다.

그래서 조금 늦게 시작하더라도 내 브랜드의 컨셉을 어느 정도 기획하고 시작하길 추천합니다. 브랜딩을 할 때 남의 것을 따라 하기보다 내가 좋아하고 잘하는 것을 해야 즐겁게 만들어갈 수 있습니다. 브랜드를 기획하는 시간이 어느 정도 필요하지만 너무 길어지면 스스로가 지칠 수도 있습니다. 초기 브랜드 기획을 하고 조금씩 변경해 가는 것도 추천합니다.

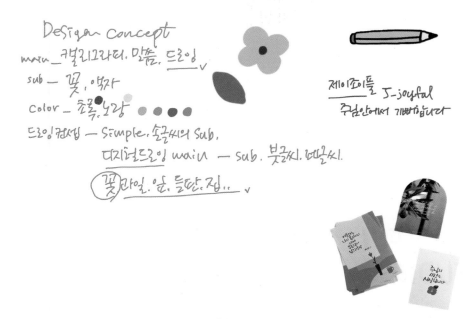

▲ 제이조이플 초기 브랜드 노트

예를 들어 필자는 처음에는 '손글씨로 전하는 사랑'이 컨셉이었습니다.

그러다가 '제이조이플(J_joyful)', 즉 '주님 안에서 기쁨'이라는 컨셉으로 바꾸게 되었습니다.

브랜드 컬러는 초록, 노랑, 파랑 등 '기쁨'과 연결되는 컬러입니다. 주로 꽃이나 잎, 숲 등의 그림을 그립니다. 노란 꽃과 초록 잎에 축복하는 말씀인 이 엽서가 필자의 대표적인 아이템이라고 할 수 있습니다.

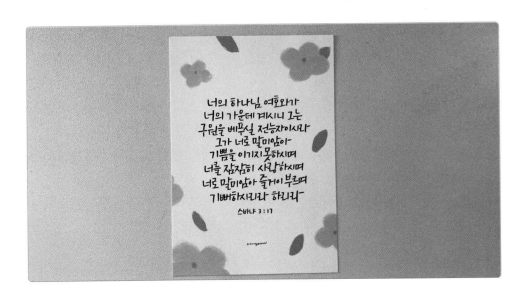

이런 식으로 여러분들만의 아이템을 하나하나씩 만들어보면 됩니다. 브랜드 네임이나 그림, 타이틀이 정해지면 아이템을 만들기가 좀 더 수월합니다. 엽서 몇 장 판매하면서 무슨 브랜드 기획까지 하는지 생각할 수 있지만 브랜드 기획을 하고 시작하면 일관성 있는 제품 디자인, 브랜드 관리로 소비자에게 신뢰성을 줄 수 있으며 새로운 제품을 하나씩 출시할 때도 수월합니다. 또한 장기적인 관점에서도 기획하고 시작하는 것이 훨씬 좋습니다.

▲ 제이조이플 브랜드 로고들

상품 제작

디지털 캘리그라피, 드로잉으로 제작할 수 있는 상품은 다양합니다. 처음에 가장 만들기 쉬운 판매 아이템은 엽서입니다. 제작이 가장 간단하고 부피가 작아서 재고 관리에도 용이합니다. 그리고 가격이 부담스럽지 않아서 많은 분들이 구매하는 아이템이기도 합니다. 처음에는 너무 많이 인쇄하지 마시고 판매 반응을 보고 조금씩 늘려가길 추천합니다.

캘리그라피 액자도 제작하여 판매하기 좋은 상품입니다. 판매를 생각한다면 본인이 제작, 판매할 수 있는 사이즈를 정하는 것이 좋습니다. 처음에는 간단한 4×6 크기의 액자 사이즈를 추천합니다. 액자의 부피도 작고 크기 자체가 무난해서 용이합니다.

요즘에는 디지털 파일만 있으면 다양한 상품으로 제작해 볼 수 있는 사이트가 많습니다. 다양하게 시도해 보고 내 브랜드에 맞는 제품들을 하나씩 출시해 보길 추천합니다. 엽서부터 시작해서 스티커, 포스터, 스마트폰 케이스, 캘린더, 디지털 스티커, 디지털 다이어리 등의 디지털 상품들도 많습니다.

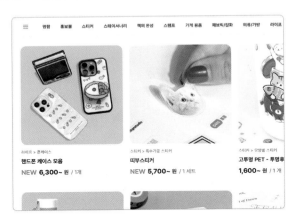 

〈출처: 레드 프린팅 홈페이지〉

3. 네이버 스토어팜 운영하기

캘리그라피, 드로잉, 공예 등을 하는 분들의 제품 판매 플랫폼은 다양합니다. '아이디어스(idus)', '네이버 스마트스토어', '쿠팡', '11번가', '텀블벅' 등이 있습니다. 각각의 플랫폼마다 고객 특성, 판매 수수료 등 다양한 특징이 있습니다. 자신의 제품의 특징에 따라서 플랫폼을 선택해서 판매하는 것이 좋습니다.

네이버 스마트스토어

'네이버 스토어팜'은 네이버에서 제공하는 온라인 쇼핑몰 플랫폼입니다. 네이버 아이디만 있으면 간단하게 쇼핑몰을 개설할 수 있는 것이 가장 큰 장점입니다. 개설 방법을 알아보겠습니다.

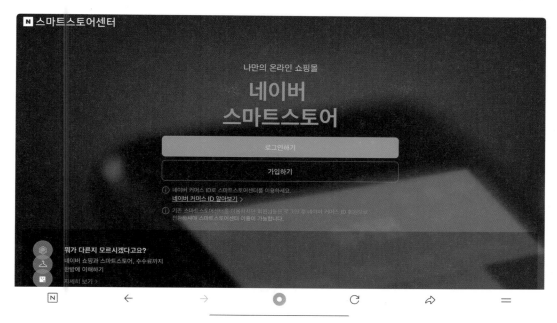

〈출처: 네이버 스마트 스토어 홈페이지〉

❶ 개설 준비물: 네이버 개인 계정, 사업자등록증, 통신 판매업 신고증, 네이버 스토어팜 이름 준비, 판매할 제품 및 제품의 사진과 카테고리 및 제품 설명 등을 준비합니다.

〈출처. 네이버 스마트 스토어 홈페이지〉

❷ 스토어 개설 신청: 네이버에서 '스마트스토어센터' 홈페이지에서 스토어 개설 신청을 합니다. 개인 사업자, 법인 사업자, 간이 사업자 중 선택합니다. 스토어명, 판매자 이름, 이메일, 연락처 등을 기재합니다. 사업자등록번호, 상호 등을 입력하고 파일로 사업자등록증 사본을 업로드합니다. 매출 정산을 받을 계좌 정보를 입력하고, 계좌 인증을 진행합니다.

〈출처: 네이버 스마트 스토어 홈페이지〉

❸ 상품 등록: 스토어가 승인되면 상품을 등록합니다. 상품명과 카테고리, 가격, 사진과 설명을 넣어서 업로드합니다.

❹ 스토어 관리: 로고나 배너 이미지 등을 브랜드 이미지에 맞게 설정합니다. 주문이 들어오면 가능한 3일 이내 제품을 발송합니다. 판매된 제품의 대금은 설정한 계좌로 자동 입금 됩니다. 상품의 등록, 주문 확인, 제품 발송, 결제 등 모든 내용은 '네이버 스마트 스토어 판매자 센터'에서 확인할 수 있으며 앱을 다운로드 받아서 관리합니다.

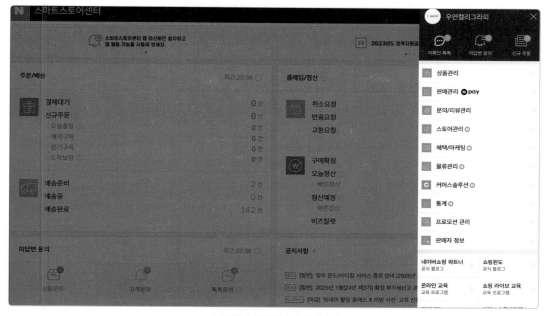

▲ 네이버 스토어 판매자 홈페이지

운영 팁 몇 가지

❶ 제품 포장 : 제품의 크기, 모양을 고려하여 제품의 포장, 박스 등을 준비합니다. 가장 고려할 사항은 제품이 고객에게 안전하게 배송되는 것입니다. 견고성을 위주로 포장 박스를 준비하되, 여러 제품을 주문할 경우, 주문 갯수가 많을 경우에 대비해 2~3가지 사이즈의 박스로 준비해 놓는 것이 좋습니다.

▲ 포장 종류들

❷ 고객 관리 : 네이버 스마트 스토어에서는 고객에게 쿠폰을 지급할 수 있습니다. 쿠폰의 대상, 금액 제한 등을 잘 고려하여 적절하게 쿠폰을 제공하여 고객이 유입되도록 합니다. 고객이 쓴 리뷰에는 가능한 답글을 남기는 것이 좋습니다. 리뷰는 복사해서 붙여넣기 형식은 비추천합니다. 마음을 담은 답글을 쓰는 것이 좋습니다.

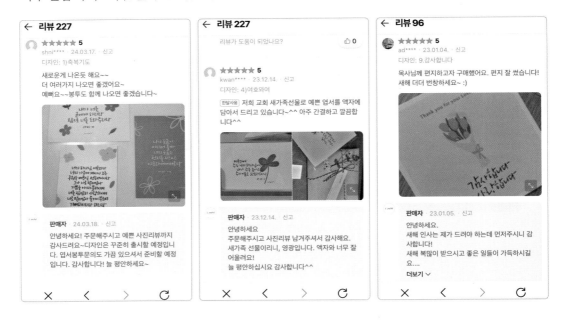

또한 서비스 제품 예를 들어 스티커나 엽서 등의 증정 상품을 가격대별로 포장할 때 넣어드리는 것도 브랜드에 대한 좋은 인상을 주고 재구매를 하도록 유도하는 방법입니다.

❸ 재고 관리: 판매하는 제품의 수가 많아지다 보면 재고 관리가 어려워질 수 있습니다. 품절이 되는 제품은 가능한 한 빨리 제작해서 올려두고, 스토어팜의 재고와 실재고를 늘 확인하여 재고 차이가 나지 않도록 관리하는 것이 좋습니다.

❹ 교육: 네이버 스마트스토어의 강점 중 하나인데 쇼핑 온라인 교육 프로그램이 잘 되어 있다는 것입니다. 동영상 교육을 들으며 스토어 운영에 관한 노하우를 하나하나씩 얻는 것이 좋습니다.

〈출처: 네이버 스마트스토어 홈페이지〉

네이버 스마트스토어는 처음 제품을 판매하고자 하는 사업자들에게는 좋은 플랫폼이라고 생각합니다. 별도의 비용 없이 온라인에 나의 가게가 생기는 것이라 부담 없이 시작할 수 있습니다. 고객은 여러 결제 수단으로 결제할 수 있고 네이버 검색이나 네이버 쇼핑몰 플랫폼에 연동되는 것도 큰 강점입니다.

또한 스마트스토어 앱을 통해 상품 등록, 주문, 발송, 결제 등을 확인하고 관리할 수 있어서 초보자도 쉽게 운영이 가능합니다. 수수료가 적다는 것도 다른 플랫폼에 비해 사업자에게는 좋은 점이라고 할 수 있습니다.

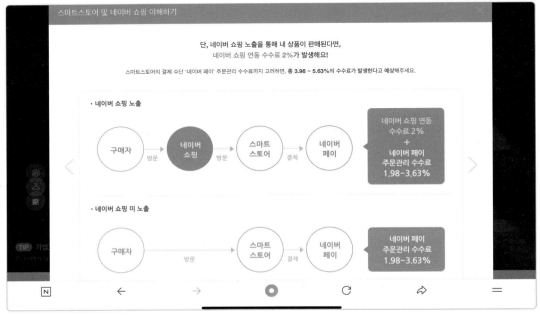

〈출처: 네이버 스마트스토어 홈페이지〉

개설 전에 내 제품 브랜드에 대한 기획을 잘 준비해서 하나씩 제품을 늘려가고 꾸준히 관리하면 안정적인 매출을 가져갈 수 있을 것입니다.